中国铁建股份有限公司企业标准

既有铁路换梁施工技术规程

Technical Specification for Beam Replacement Construction of
Existing Railway

Q/CRCC 13205—2024

主编单位：中铁二十二局集团有限公司
　　　　　中铁二十一局集团有限公司
批准单位：中国铁建股份有限公司
施行日期：2025 年 5 月 1 日

人民交通出版社
2025·北京

图书在版编目（CIP）数据

既有铁路换梁施工技术规程／中铁二十二局集团有限公司，中铁二十一局集团有限公司主编．— 北京：人民交通出版社股份有限公司，2025. 3. — ISBN 978-7-114-20292-6

Ⅰ. U448. 13-65

中国国家版本馆 CIP 数据核字第 2025V8U387 号

标准类型：中国铁建股份有限公司企业标准
标准名称：既有铁路换梁施工技术规程
标准编号：Q/CRCC 13205—2024
主编单位：中铁二十二局集团有限公司
　　　　　　中铁二十一局集团有限公司
责任编辑：高鸿剑
责任校对：赵媛媛
责任印制：张　凯
出版发行：人民交通出版社
地　　址：（100011）北京市朝阳区安定门外外馆斜街 3 号
网　　址：http：//www. ccpcl. com. cn
销售电话：（010）85285857
总 经 销：人民交通出版社发行部
经　　销：各地新华书店
印　　刷：北京武英文博科技有限公司
开　　本：880×1230　1/16
印　　张：4. 25
字　　数：92 千
版　　次：2025 年 3 月　第 1 版
印　　次：2025 年 3 月　第 1 次印刷
书　　号：ISBN 978-7-114-20292-6
定　　价：38. 00 元

（有印刷、装订质量问题的图书，由本社负责调换）

中国铁建股份有限公司文件

中国铁建科数〔2024〕168 号

关于发布《垦造水田技术标准》等 9 项
中国铁建企业技术标准的通知

所属各二级单位，各区域总部，各直管项目部：

现批准发布《垦造水田技术标准》（Q/CRCC 92301—2024）、《绿色与智慧矿山建设技术规程》（Q/CRCC 72301—2024）、《山地轨道交通齿轨道岔制造技术条件》（Q/CRCC 33308—2024）、《交通工程绿色施工与评价标准》（Q/CRCC 23501—2024）、《全断面岩石掘进机法铁路隧道工程地质勘察技术规程》（Q/CRCC 12101—2024）、《既有铁路换梁施工技术规程》（Q/CRCC 13205—2024）、《隧道施工近景摄影测量技术规程》（Q/CRCC 12504—2024）、《邻近铁路营业线工程智慧监测技术规程》（Q/CRCC 12503—2024）、《铁路工程测量北斗地基增强系统建设与应用规程》（Q/CRCC 12502—2024），自 2025 年 5 月 1 日起实施。

以上标准由人民交通出版社股份有限公司出版发行。

中国铁建股份有限公司

2024 年 12 月 11 日

前　　言

本规程根据中国铁建股份有限公司《关于印发2023年中国铁建企业技术标准编制计划的通知》（中国铁建科创〔2023〕27号）的要求，由中铁二十二局集团有限公司、中铁二十一局集团有限公司会同有关单位编制完成。

本规程编制过程中，编制组深入开展调查研究，系统总结工程实践经验，并与相关标准协调。在此基础上，广泛征求有关单位及专家意见，经反复讨论修改后，最终由中国铁建股份有限公司科技创新与数字化部审查定稿。

本规程共分12章，主要技术内容包括：1 总则；2 术语；3 基本规定；4 施工准备；5 桥梁既有设施拆除；6 支座系统处置；7 桥梁换梁工程；8 桥面系工程及其他；9 轨道安装、拆除；10 特殊条件施工；11 验收；12 安全施工及环境保护。

本规程由中铁二十二局集团有限公司、中铁二十一局集团有限公司和中铁第五勘察设计院集团有限公司负责解释，由中国铁建股份有限公司科技创新与数字化部负责管理。标准执行过程中如有意见或者建议，请寄送至中铁二十二局集团有限公司（地址：北京市石景山区石景山路35号；邮编：100043；电话：010-51886909；邮箱：345082531@qq.com），以供今后修订时参考。

主 编 单 位：中铁二十二局集团有限公司
　　　　　　　中铁二十一局集团有限公司
参 编 单 位：中铁第五勘察设计院集团有限公司
　　　　　　　中铁二十二局集团第一工程有限公司
　　　　　　　中铁二十一局集团第五工程有限公司
　　　　　　　中铁二十二局集团第二工程有限公司
　　　　　　　中铁二十二局集团电气化工程有限公司
主要起草人员：王新丰　邵志远　董启军　杨长青　宋来存　何胜甲
　　　　　　　吴　涛　周　磊　王相臣　姜跃龙　李广威　杨国强
　　　　　　　温海峰　窦卫彬　李　浩　魏登贤　王朝仁　付德龙
　　　　　　　李贺岩　于洪波　侯甲海　陈福现　孙江宁　律百军
　　　　　　　陈　晨　吴建国　任鹏远　姜志远　蔡成曦　袁　涛
　　　　　　　申国顺　梁志新　常　祝　周光忠　万　鹏　罗克清
　　　　　　　曹万会　马　静　陶　赟　朱小永

主要审查人员：郑继平　亓路宽　刘　椿　姚发海　孙建新　张文学
　　　　　　　　张文格　李凤伟　董启军　邓启华　黄明琦　陈福现
　　　　　　　　冯建军　薄志军　李文波　裴有陆　罗九林

目　　次

Contents

1   总则

1.0.1   为指导铁路换梁施工，统一企业主要技术要求，加强施工管理，保证工程质量，保障施工安全，制定本规程。

1.0.2   本规程适用于既有铁路 T 形梁、π 形梁、钢梁换梁施工作业。

1.0.3   既有铁路换梁施工应符合《铁路营业线施工安全管理办法》（国铁运输监〔2021〕31 号）的规定。

1.0.4   铁路换梁作业除应符合本规程规定外，尚应符合国家现行有关标准和中国铁建股份有限公司现行有关企业技术标准的规定。

2　术语

2.0.1　架桥机　girder erecting machine
架设预制混凝土桥梁的专用成套施工设备。

2.0.2　运梁车　girder transporter
运送梁体的专用自行车辆。

2.0.3　机动平车　motorized flat wagon
承托梁体，并能沿铁路线路自行的专用设备，喂梁、移梁时，用来托梁和使梁体从辅机过渡到主机上的小车。

2.0.4　倒装龙门架　gantry crane for transshipment
将梁体从运梁车上换装到机动平车上的门式起重机。

2.0.5　铁路架桥机　railway girder erecting machine
架设铁路桥梁的专用成套施工设备。

2.0.6　公铁两用架桥机　combined highway and railway girder erecting machine
用于公路、铁路桥梁架设的架桥机。

2.0.7　运架一体式架桥机　girder transporting and erecting machine
集吊梁、运梁、架梁作业于一体的架桥机。

2.0.8　换梁机　bean replacement machine
集拆梁、运梁、架梁作业于一体的架桥机。

2.0.9　喂梁　girder feeding
架桥作业时，梁体从机动平车或运梁车上移至主机吊梁位置的过程。

2.0.10　高架台车法　overhead trolley method
在桥跨间利用自行升降的大型支撑、横移设备进行换梁作业的施工方法。

2.0.11 横向顶推法　lateral push method

通过千斤顶等设备将桥梁结构从一侧向另一侧水平推动，使其到达预定位置的施工方法。

3 基本规定

3.1 一般规定

3.1.1 铁路换梁施工前应对成品梁及相关工程部件、材料等进行检查验收，其质量应符合相关标准的规定。

3.1.2 铁路换梁施工前，应与既有设备产权单位确认并办理相关手续。

3.1.3 铁路换梁施工前应结合现场实际情况，通过风险计划、风险辨识、风险评估、风险评价和风险控制等程序，开展风险管理，编制专项施工方案和应急预案。

3.1.4 换梁作业人员应经过作业技能安全生产教育培训，考核合格后持证上岗。

3.1.5 铁路换梁施工应严格执行安全技术规程和相应职业健康及劳动保护标准。

3.1.6 起重机械使用单位应按《建筑起重机械安全监督管理规定》（建设部令 2008 年第 166 号）执行，设备进场时应提供产品质量合格证明、安装及使用维护保养说明等相关技术资料和文件。

3.1.7 特种设备的性能应与现场环境、施工条件相适应，检查技术性能和安全性能，通过运转试验，符合要求后可投入使用。

3.1.8 换梁作业区域应设置明显的安全警示标志及必要的安全防护设施。

3.1.9 架桥机和运梁车经过线路上的既有构筑物，应与设备管理单位确认建筑限界。

3.2 建设各方的职责

3.2.1 建设单位
建设单位应执行国家、行业和国铁集团有关建设管理办法的规定，组织编制指导性施工组织设计文件。

3.2.2 勘察设计单位

勘察设计单位应执行国家、行业和国铁集团有关建设管理办法的规定。

3.2.3 施工单位

1 应执行国家、行业及国铁集团有关建设管理办法和本规程的规定。

2 应参加建设单位组织的设计交底、交接桩等工作。

3 应做好施工调查和危险源辨识，制定相应的防护措施及应急预案。

4 应编制专项方案、关键工序作业指导书，明确作业标准和工艺要求。

5 应对进场的大型机械、特种设备组织有关单位进行验收，或委托具有相应资质的检验检测机构验收，验收合格后使用。

6 应做好已完成工程的成品保护。

7 应按照铁路营业线施工相关规定，与铁路设备管理单位签订相关协议。

8 应按有关规定文明施工，保护环境。

3.2.4 监理单位

监理单位应执行国家、行业及国铁集团有关建设管理办法的规定。

3.3 施工管理实施要点

3.3.1 换梁前应调查桥梁原有设计、施工、运营、维护等资料，并应实地检查桥梁结构的状况，结合桥梁实际状况制定施工方案。

3.3.2 换梁作业应符合《铁路营业线施工安全管理办法》（国铁运输监〔2021〕31号）的规定，编制的施工计划应通过属地铁路局批准后实施。

3.3.3 换梁封锁施工前应完成场地布置、障碍物迁改、梁体运输、轨道应力放散、换轨、换梁辅助设施等准备工作。

3.3.4 换梁前应根据桥梁的结构形式、技术状况、周边环境、临线的运输组织，结合工期、安全、文明施工等要求，选择合理的施工方法。

3.3.5 桥梁拆除工程的废弃物应分类处置。

4　施工准备

4.1　一般规定

4.1.1　换梁施工为营业线施工，施工方案应通过运营单位审查。换梁施工准备流程图如图 4.1.1 所示。

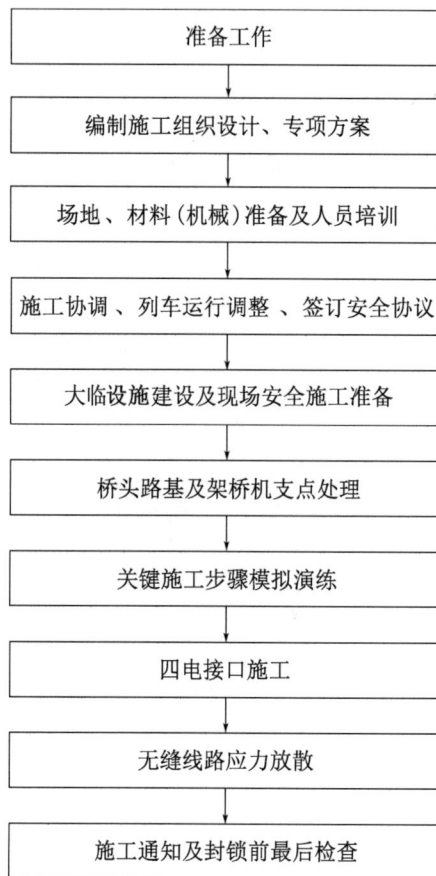

```
┌─────────────────────────┐
│        准备工作          │
└─────────────────────────┘
            ↓
┌─────────────────────────┐
│  编制施工组织设计、专项方案  │
└─────────────────────────┘
            ↓
┌─────────────────────────┐
│ 场地、材料（机械）准备及人员培训 │
└─────────────────────────┘
            ↓
┌─────────────────────────┐
│ 施工协调、列车运行调整、签订安全协议 │
└─────────────────────────┘
            ↓
┌─────────────────────────┐
│  大临设施建设及现场安全施工准备  │
└─────────────────────────┘
            ↓
┌─────────────────────────┐
│   桥头路基及架桥机支点处理    │
└─────────────────────────┘
            ↓
┌─────────────────────────┐
│   关键施工步骤模拟演练     │
└─────────────────────────┘
            ↓
┌─────────────────────────┐
│      四电接口施工        │
└─────────────────────────┘
            ↓
┌─────────────────────────┐
│     无缝线路应力放散      │
└─────────────────────────┘
            ↓
┌─────────────────────────┐
│  施工通知及封锁前最后检查   │
└─────────────────────────┘
```

图 4.1.1　换梁施工准备流程图

4.1.2　换梁施工应考虑对保留构件的安全防护。

4.1.3　成品梁应有合格证，进场前应由工作人员检查梁体外观质量，并复核尺寸。

4.2 施工调查

4.2.1 调查周边的地形地貌、交通道路及水电供应情况，合理布置施工场地。

4.2.2 对可能影响运梁车、架桥机通行的构筑物、管线及设备等进行调查。

4.2.3 调查了解线路、桥梁中线贯通测量情况，核实线间距、线路中线桩及线路基桩、桥梁支座十字线等设置情况。

4.2.4 检查梁缝有无被邻孔梁挤压或被其他障碍物卡住的情况。

4.3 技术准备

4.3.1 换梁前应根据设计文件和施工调查编制各类专项方案，按规定程序审批后实施。

4.3.2 换梁前应作好下列技术准备工作：
1 收集换梁所需全部竣工和维养资料。
2 现场核对换梁所需设计文件、原竣工和维养资料。
3 编制换梁专项方案、作业指导书，对作业人员进行培训和技术交底。
4 现场交接线路中线、水平桩位、桥梁墩台竣工标桩标线，复核线间距、桥梁支座锚栓孔位置深度和尺寸，测量设置架梁作业需要的标桩和标线。
5 编制存梁及架梁辅助设施等应编制专项设计方案。
6 制定新梁配置计划。

条文说明

竣工资料应包含车站表、桥梁表、桥梁墩台距离实测与设计对照表、线路中线基桩表，水准基点表、路基分部分项工程质量验收记录、桥梁墩台身及支承垫石强度报告、沉降观测资料及评估报告等。

4.4 场地布置

4.4.1 梁体采用铁路运输时，装卸梁的线路应便于取送梁体、停放车辆和对位作业。装卸作业时尽量减少对相邻线路的影响。

4.4.2 梁体采用公路运输时，道路及场地条件应满足运梁车通行要求。

4.4.3 换梁现场存梁台座设置应根据直、曲线梁的跨度、孔数、架梁顺序、装卸方法等统筹安排，两排梁端部应留有足够的空间。条件许可时，可采取双层存梁。

4.4.4 存梁台座结构形式应根据梁体重量、存移梁方式、地形地质等条件确定。

4.4.5 提梁设备走行道路、桥梁配件存放场地等应统筹布置。

4.5 施工配合

4.5.1 安全协议签订

施工方案审核确定后，施工单位应与设备管理单位、行车组织单位按施工项目分别签订施工安全协议。

条文说明

签订施工安全协议具体要求，需根据属地铁路局相关文件执行。施工安全协议应包含以下内容：

(1) 工程概况，包括施工项目、作业内容、地点、时间、影响范围等。
(2) 施工责任地段和期限。
(3) 双方所遵循的技术标准、规程和规范。
(4) 安全防护内容、措施及安全分工。
(5) 双方安全责任、权利和义务。
(6) 违约责任和经济赔偿办法。
(7) 法律、行政法规规定的其他内容。

4.5.2 施工计划

1 铁路营业线施工实行计划管理，所有施工项目应纳入施工计划。
2 营业线施工单位在提交施工计划申请时，应同时提交施工安全协议。
3 计划未经审批、未签订施工安全协议、未纳入计划的施工项目，不得施工。
4 已发布的施工计划，不应随意调整、变更，因特殊情况需要调整、变更时，应严格按规定审批。

4.5.3 外部配合与协调

1 施工单位应提前向设备管理单位进行技术交底，提出施工计划、施工地点及影响范围。
2 设备管理单位接到营业线施工单位的申请后，应核对施工方案、施工计划及影响范围，并在营业线施工开始前派员进行施工配合和安全监督。

4.5.4 驻站联络

1 施工单位应按规定设置驻站（调度部门）联络员、现场防护员，不应临时调换。

2 现场防护员应根据作业现场地形条件、列车运行特点、人员和机具布置等情况确定站位和移动路径，做好作业人员和自身防护。

3 作业过程中，驻站（调度部门）联络员与现场防护员应保持通信畅通，定时联系；联控通信中断时，所有作业人员下道。

4.5.5 封锁施工与防护

1 施工单位与设备管理单位确定登、销记车站，设置专人管理，未经签认不得上道作业。

2 驻站联络员、现场防护员数量及作业标准按照项目属地铁路局相关文件执行。

4.6 四电接口工程

4.6.1 通信、信号、接触网专业工程应统筹站前换梁作业交叉配合施工。

4.6.2 施工单位应与设备管理单位确认桥上槽道内光电缆长度、数量及用途。

4.6.3 结合现场调查，确认换梁施工涉及通信、信号、接触网专业施工影响范围及接触网停电范围。

4.6.4 换梁前应提前申请施工计划割接光电缆、接触网过渡等施工准备工作。

4.7 机械运输、安装验收及拆卸

4.7.1 架桥机采用公路运输进场时，执行《超限运输车辆行驶公路管理规定》（交通运输部令 2016 年第 62 号）的规定。

4.7.2 架桥机采用铁路运输进场时，执行《铁路超限超重货物运输规则》（铁总运〔2016〕260 号）的规定。

4.7.3 架桥机安装及拆卸应符合《铁路架桥机架梁技术规程》（Q/CR 9213—2017）的规定。

4.7.4 起重机械安装、拆卸作业应符合下列规定：
1 工作场地应满足作业需求。

2　起重机械安装单位应取得国务院特种设备安全监督管理部门许可。

3　起重机械入场资料应包括产品质量合格证明、安装及使用维修说明、监督检验证明、安装单位生产许可证明、特种作业人员操作证等。

条文说明

起重机械安装单位应有与起重机械安装相适应的专业技术人员和技术工人；有与起重机械安装相适应的生产条件和检测手段；有健全的质量管理制度和责任制度。

4.7.5　监督申报应符合《建筑起重机械安全监督管理规定》（建设部令 2008 年第 166 号）的规定。

5 桥梁既有设施拆除

5.1 一般规定

5.1.1 拆除作业前，施工单位应详细了解桥梁结构，明确附属结构与梁体结构之间的关系，确定拆除范围。

5.1.2 施工单位根据附属设施对既有线行车安全的影响程度、封锁时长确定换梁前封锁施工及换梁封锁施工的作业内容。

5.2 桥梁既有设施拆除

5.2.1 挡砟块、电缆槽、人行步道、避车台、检查梯、声（风）屏障、湿接缝、横隔板、防落梁、围栏、桥面纵横盖板、桥面伸缩装置等桥梁设施采用逆向法对称拆除施工。

5.2.2 挡砟块、湿接缝、横隔板、防落梁等混凝土构造拆除时，宜使用小型机具。

5.2.3 电缆槽、人行步道托（吊）架、避车台托（吊）架、声（风）屏障、湿接缝、横隔板等部位的锚栓、（预应力）钢筋切断时，宜使用气割、液压剪切器及砂轮锯等小型机具；桥面纵横盖板宜采用起重机辅助人工拆除。

5.2.4 角钢支架拆除前，应对螺栓进行涂油、松动、复紧。

5.2.5 既有支座拆除前，应对地脚螺栓涂油、松动、复紧，拆除过程中应注意对既有垫石的保护。

5.2.6 拆除作业应符合下列规定：
1 拆除时应横向对称、均衡拆除。
2 吊装作业时各吊点或支点应受力均匀、对称。
3 拆除作业时应做好临边防护。
4 桥面湿接缝、横隔板拆除前，需对梁体进行支撑加固，防止梁体倾覆。

6 支座系统处置

6.1 一般规定

6.1.1 桥梁支座进场后，应对其产品合格证、附件清单、材质报告单或检验报告、规格、数量、外形尺寸、外观及组装质量等进行检查。对有包装箱保护的支座，应开箱对其规格、部件数量及装箱单等进行核对，无误后应将支座重新装入包装箱内，安装时再开箱；支座安装前不得随意拆卸其上的固定件。

6.1.2 支座应存放在干燥通风的库房内，应垫高、分类堆放整齐，保持清洁，不得直接置于地面。

6.1.3 支座不得与酸、碱、油类和有机溶剂等接触，且应与热源保持 1m 以上的距离。

6.1.4 支座在场内运输和装卸时，应采取有效措施防止产生碰撞或其他损伤。

6.2 支承垫石处理

6.2.1 施工前应对既有垫石高程、平面位置、尺寸及完整性进行复核，检测混凝土强度等级，依据设计文件确定支承垫石调整方案。

6.2.2 作业人员应对既有支承垫石顶面凿毛处理，清理干净，并对垫石尺寸、高程、顶面平整度、锚栓孔的平面位置及深度等进行复测。

6.2.3 锚栓孔应清理干净，保持干燥，无泥垢、浮砂、积水、冰雪和油污等杂物。

6.2.4 既有梁体及支座拆除后应及时进行新锚栓孔钻孔施工，锚栓孔直径、深度应满足设计要求。

6.2.5 施工过程宜留存影像资料。

6.3 支座安装

6.3.1 支座安装前，作业人员需复核桥梁跨度、垫石尺寸及高程、锚栓孔位置及尺寸，检查支座组装位置、组装后全高、上下座板（上下摆）螺栓孔中心距、支座部件尺寸和外观质量、支座防锈涂装及承压面润滑涂油情况，如发现破损、锈蚀等缺陷应进行处理。

6.3.2 支承垫石顶面应标明支座下座板的纵、横中心线，设置高程点；作业人员需对桥梁坡度、支座位置进行复核。

6.3.3 支座安装时，按照设计要求设置预偏量。

6.3.4 支座安装时，宜将支座整体安装在梁体上随梁吊装，待梁体及支座横移对位后安装支座锚栓；支座和锚栓与梁体一同下落，待接近垫石时将锚栓与锚栓孔对正就位。

6.3.5 支座安装后，上下座板与梁底及支承垫石和支座各层部件之间应密贴。

6.3.6 支座砂浆根据强度等级、耐久性、环境条件和施工工艺进行配合比设计。

6.3.7 支座砂浆施工应符合现行标准《铁路混凝土工程施工技术规程》（Q/CR 9207）的规定。

6.3.8 支座砂浆施工时，混凝土表面温度和环境温度不应低于5℃，当环境温度高于35℃时，应采取降温措施。

6.3.9 支座砂浆冬期施工时，采用电热毯等对支座预加热，对砂浆集料、干料做好保温措施。

6.3.10 支座防尘罩应及时安装，且应严密、牢固、栓钉齐全，防尘罩开启不应与防落梁装置或梁端限位装置相抵触。

6.3.11 桥梁架设中采用临时支座时，应符合设计要求。

7 桥梁换梁工程

7.1 一般规定

7.1.1 换梁前应按设计图纸确定的新、旧梁重量选用起吊设备。

7.1.2 换梁前应对架梁设备进行调试并完成荷载试验，试验后应对架梁设备各种螺栓复紧并检查。

7.1.3 换梁前应对拆除孔跨的两侧线路进行复核，避免两端钢轨伸入拆除孔跨。

7.1.4 换梁前应对桥梁进行试顶，检查横隔板、桥梁附属设施、支座、既有设备检查，确认无连接后进行拆除施工。

7.2 铁路架桥机换梁

7.2.1 铁路架桥机换梁适用于跨度 32m 及以下的铁路混凝土 T 形梁、π 形梁、钢梁换梁施工作业。

7.2.2 铁路架桥机换梁施工工艺流程，如图 7.2.2 所示。

7.2.3 主机对位

1 架桥机主机应准确地停在换梁位置上，机臂伸出长度应按说明书规定进行操作，对位结构如图 7.2.3 所示。

2 主机对位后制动风压应符合要求，并在车轮下方设置铁鞋、木楔和止轮器防止架桥机溜动。

3 立 0 号柱时，必须用硬质木板和木楔填平垫稳，支垫的长度和宽度应大于柱底两侧承力部分的尺寸，避免柱底边缘部分受力。

4 由主机对位时，作业人员在钢轨上画出停车标记以便掌握，架桥机以 0.5km/h 速度运行，并派专人安放止轮器和放风制动。

5 禁止机臂全悬臂状态走行对位。

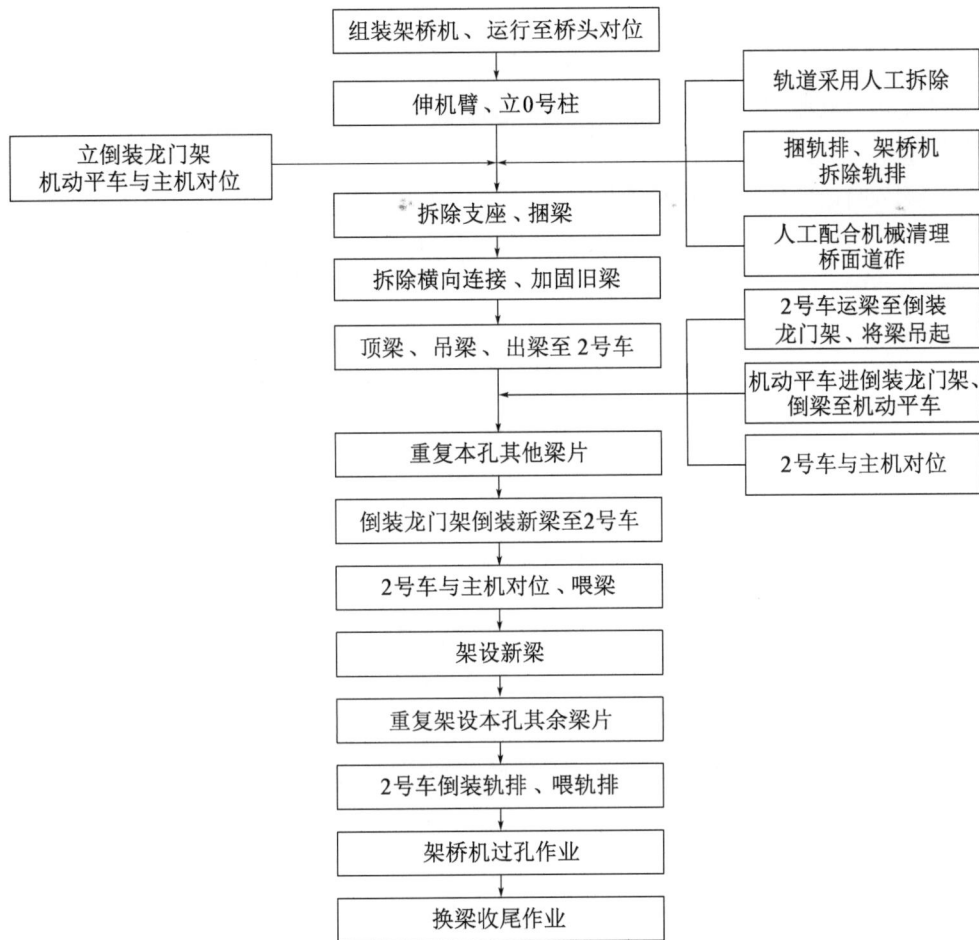

图 7.2.2　铁路架桥机换梁施工流程图

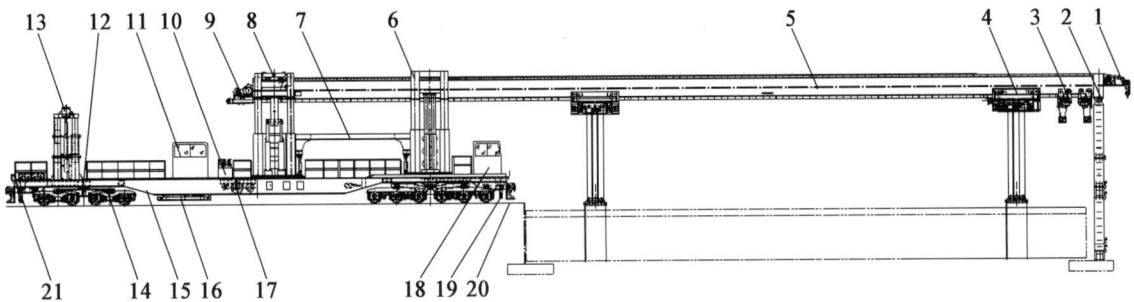

图 7.2.3　铁路架桥机对位结构示意图

1-0 号柱；2-0 号柱摘挂；3-吊轨小车总成；4-吊梁行车；5-机臂；6-1 号柱总成；7-折叠柱根；8-2 号柱；9-吊梁小车拖拉及机臂伸缩；10-1 号车液压原理图；11-司机室；12-1 号吊梁小车；13-3 号柱；14-牵引走行减速箱；15-TJ165 主机车辆；16-柴油发电机安装架；17-掩拉小车掩拉机构；18-电气系统；19-液压支腿；20-排障器；21-附件

7.2.4　捆梁

1　捆梁位置符合新、旧梁设计允许悬出长度的规定。

2　捆梁钢丝绳应符合下列要求：

1）钢丝绳宜采用 6×37 型或 6×61 型交叉绞丝，安全系数和接头应符合现行标准《建筑施工起重吊装工程安全技术规范》（JGJ 276）的规定。

2）捆梁时应保持钢丝绳每次均向同一方向弯折。

3）钢丝绳与梁体转角接触处应安放护铁瓦。

4）钢丝绳应经常检查，发现有扭结、变形、断丝或锈蚀等异常时，应按规定进行折减或报废。

3 捆梁作业应符合下列规定：

1）各股钢丝绳应受力均匀，不应出现绞花和两股互压的情况。

2）钢丝绳应悬挂可靠。

3）护角铁瓦应对正且放置牢固，受力过程中进行调整，设防掉落措施，使其牢固。

7.2.5 顶梁

1 顶梁应符合下列规定：

1）起顶过程中不得出现横隔板未完全断开或湿接缝未全部断开引起的梁偏歪或翻倒的情况。

2）起顶过程中梁在千斤顶或砂箱顶面不得滑动。

3）起顶过程中不得出现混凝土梁被顶裂、钢梁被顶出凹痕的情况。

4）起顶过程中不得出现千斤顶底部的承托结构受压损坏的情况。

2 梁的试顶位置应符合下列规定：

1）纵桥向施顶中心至梁端的距离不得小于支座中心至梁端的距离，并不应大于设计允许的悬出长度。

2）横桥向两个同类型的千斤顶应在梁重心线两边等距离支放，千斤顶头部外缘距离梁端混凝土外缘应保持100mm以上的距离。

3 试顶宜选用自锁式液压千斤顶，顶力安全系数不小于1.5，梁每端应选用两个同类型的千斤顶同步起顶；液压千斤顶用油应符合有关规定。

4 千斤顶底受力面应平整，满足承载力要求。千斤顶顶部应垫有扩大传力面积的支垫。当梁底与墩台顶帽间的净空不足时，应对墩顶进行处理。

5 对于T形梁或其他梁底窄、重心高的梁，应设置防倾覆措施。

条文说明

当梁底与墩台顶帽间的净空不足时，可在墩顶进行局部开凿作业。

7.2.6 吊梁

1 吊梁施工前检查卷扬机制动系统，滑轮应设置防止跳槽装置；起落梁时左右侧或前后端高差不宜过大，两端交替起吊时应缓慢匀速起落。

2 梁体吊离支撑面50mm左右时，应暂停起吊，然后下落30mm左右停止，作业人员对制动系统及各重要受力关键部位等进行检查，确认正常后继续起吊。

7.2.7 移梁

1 移梁前应检查 0 号柱和架桥机主机前支腿支垫情况，移梁时监测墩顶支垫处变化。

2 机上移梁不到位时，应选择低位调整。

7.2.8 倒装龙门架

1 倒装龙门架应在纵坡小于 6‰ 的线路上或半径不小于 1000m 的曲线线路上组拼；两台倒装龙门架起吊不同跨度梁片时，两台倒装龙门架的中心距离应符合架桥机规定。

2 两台倒装龙门架的中心距离应根据梁片型号、跨度、吊梁时允许悬出的长度和运梁转向架位置等因素确定。

3 一座桥有多种跨度时，按悬出长度的需要调整倒装龙门架位置，不得使用短跨度桥梁的吊距起吊长跨度桥梁。

4 倒装龙门架至桥头的距离应满足换装需要，尽可能缩短机动平车的走行距离，走行距离宜为 200 ~ 500m。

5 倒装龙门架应尽量避开高填路基，基底要整平夯实，基底上至少放置两层枕木。

6 倒装龙门架底面宜高出轨面两层枕木，拼装后应保证净空满足换装梁片要求。

7 倒装龙门架侧梁支承面要垫平垫实，两边支承面处于同一水平面上，误差不得超过 ±10mm。

8 倒装龙门架左右中心应与线路中心保持一致，误差不得超过 ±10mm。

9 倒装龙门架配备的发电机组、电缆、按钮箱、液压龙门架的液压泵组应设置安全保护装置。

10 倒装龙门架拼装完成后，应进行空载试运转检查，并进行荷载试吊试验。

7.3 公铁两用架桥机换梁

7.3.1 公铁两用架桥机适用于跨度 32m 及以下的铁路混凝土 T 形梁、π 形梁、钢梁换梁施工作业。

7.3.2 公铁两用架桥机换梁施工工艺流程，如图 7.3.2 所示。

7.3.3 公铁两用架桥机对位作业时应该符合下列规定：

1 架桥机纵移对位过程中，应调整各支腿高度，保持主梁基本水平，水平高差应小于 10‰。拆梁桥头、桥尾对位结构示意图分别如图 7.3.3-1 和图 7.3.3-2 所示。

架桥机组装、运行至桥头精准对位

↓

伸机臂、桥机过孔、立0号柱

↓

捆绑旧梁、起吊、运输至机动平车
上方与之对位

↓

落梁至机动平车、驶离现场

↓

重复拆除本跨其余梁

↓

机动平车运梁与主机对位

↓

喂梁、吊梁、运梁至安装跨对位

↓

支座安装、横纵移梁体、落梁就位

↓

重复架设本跨其余梁片

↓

架设轨排及连接钢轨

↓

架桥机收0号柱及机臂、驶离现场

↓

大机捣固

↓

验收及开通线路

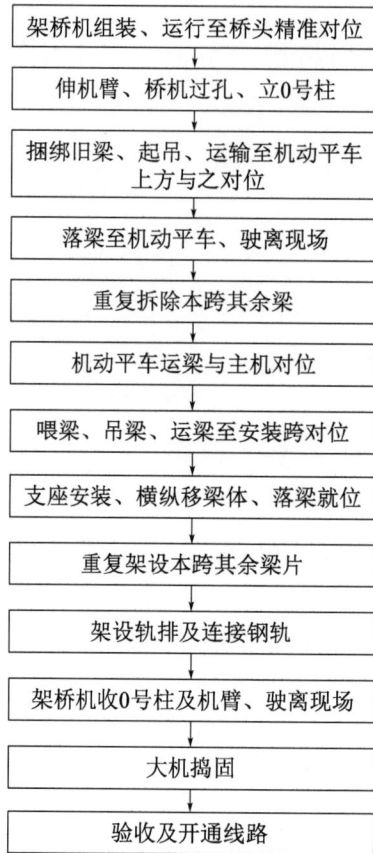

图 7.3.2　公铁两用架桥机换梁工艺流程图

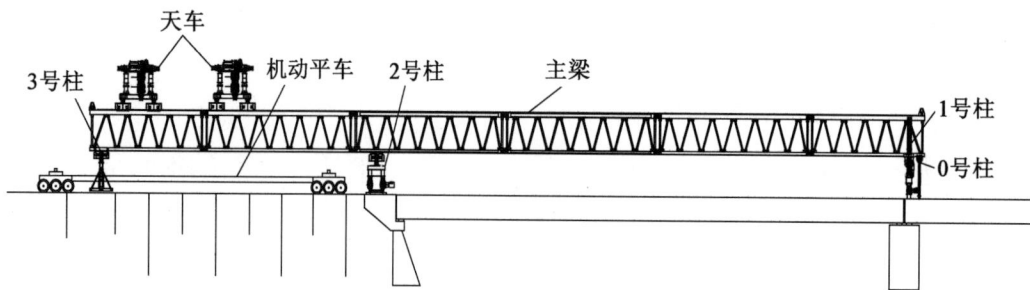

图 7.3.3-1　公铁两用架桥机拆梁桥头对位结构示意图

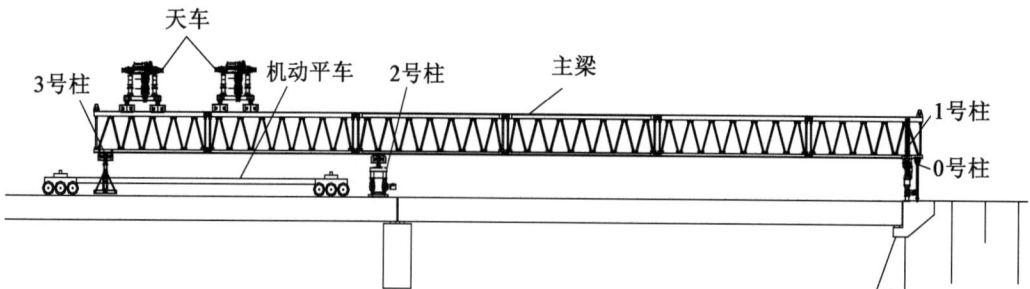

图 7.3.3-2　公铁两用架桥机拆梁桥尾对位结构示意图

2　架桥机纵移 2 号柱和主梁时，应用倒链将 1 号柱左右与梁面钢筋或钢轨固定。

3 架桥机主梁对位后，0 号柱应按架桥机说明书要求进行支撑，并采用不少于 4 个倒链与下一孔梁体进行固定。

4 前后起重小车应运行至指定位置。

5 梁架桥机过孔时需提前将 0 号柱折叠或拆短，或采用倒链拉起并使用销轴进行固定。

6 架桥机 1 号柱高度应高于 0 号柱 50～100mm。

7 架桥机 2 号柱纵移到位后，应立即将柱体与主梁间的固定销插上，并支撑好 2 号柱。

8 架桥机 2 号柱纵移至桥头时，应切换稳定 1 号柱的长、短钢丝绳。

9 倒三角支腿架桥机纵移主梁时，应密切关注前支腿荷载状况，确认其水平荷载在正常范围内。

10 倒三角支腿架桥机纵移前支腿前，应确认前辅助支腿支撑到位。

11 架桥机对位作业时，应保证受力支腿下方支垫到位，宜使用硬杂木、钢支垫。

12 当线路有纵坡向上时，应计算相邻桥墩的高差，保证对位时架桥机支腿及横移轨道不碰撞桥墩及支承垫石。

7.3.4 公铁两用架桥机捆梁应符合本规程第 7.2.4 条相关规定。

7.3.5 公铁两用架桥机顶梁应符合本规程第 7.2.5 条相关规定。

7.3.6 公铁两用架桥机吊梁应符合本规程第 7.2.6 条相关规定。

7.3.7 公铁两用架桥机移梁应符合本规程第 7.2.7 条相关规定。

7.3.8 公铁两用架桥机过孔时应符合下列规定：

1 公铁两用架桥机过孔时，横移轨道垫墩承重位置应处于腹板上方，翼板上布设辅助支撑时，应采取措施满足其承载力要求。

2 架桥机过孔中各种销轴的插拔应按规定操作。

3 架桥机在已架设梁体上方时，除焊接完成规定的临时连接外，应按照设计要求进行操作。

4 采用横移轨道的架桥机，横移轨道应与垫墩连接可靠。

5 过孔作业时，应在桥墩或梁面上用缆风绳和倒链将 2 号支腿前后拉紧，在过孔前同时将 2、3 号支腿托辊轮箱的定位销拔出。

6 过孔完成后，在架梁前同时将 2、3 号支腿托辊轮箱的定位销轴插入主梁底部吊挂走形横板的孔内。

7.4 换梁机换梁

7.4.1 换梁机换梁适用于跨度 32m 及以下的铁路混凝土 T 形梁、π 形梁、钢梁换梁施工作业（梁宽不超过 4m）。

7.4.2 换梁机由运梁车、起重小车、主梁、支腿、桥面支撑组成，如图 7.4.2 所示。

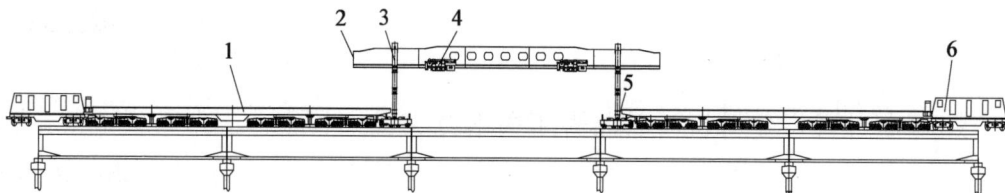

图 7.4.2　换梁机组成示意图
1-运梁车；2-主梁；3-支腿；4-起重小车；5-桥面支撑；6-内燃机车牵引

7.4.3 换梁机换梁工艺流程图如图 7.4.3 所示。

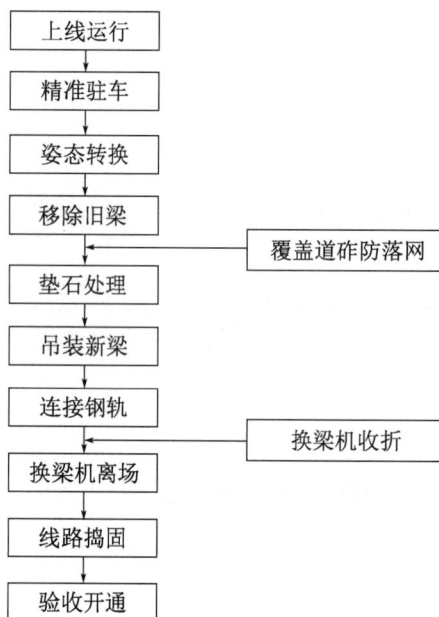

图 7.4.3　换梁机换梁工艺流程

7.4.4 换梁基地宜选址在待换桥位附近。

7.4.5 换梁机与两台内燃机车进行连挂作业，应符合下列规定：
1　内燃机车应在换梁作业天窗点前到达基地，与换梁机进行连挂。
2　内燃机车与换梁机连挂后应进行空气制动测试。
3　作业人员应检查换梁机加固部位。

7.4.6 新梁装载应符合下列规定：

1 新梁应在换梁作业天窗点前装载到运梁车上。

2 新梁宜装载在运行方向后运梁车上，旧梁拆除后装载在前端运梁车上。

3 梁体中心线与运梁车中心线偏差应控制在 ±20mm 内。

4 新梁装载加固措施应符合《铁路货物装载加固规则》（铁总运〔2015〕296 号）的规定。

5 新梁道砟装载高程应低于设计高程50mm。

6 道砟宜采用防落网覆盖。

7.4.7 换梁机支撑点布置应符合下列规定：

1 支撑点位置为桥梁时，应采用专用横向垫梁作为承载梁，横向垫梁与桥面接触位置与梁体腹板中心对齐，接触面找平。

2 支点位置为桥台或路基时，应对桥台稳定性进行检算，并垫入木枕，木枕顶部承载力不小于0.45MPa。

3 垫入的木枕应高出混凝土枕木表面20mm，木枕之间高度错台不应超过10mm。

4 支撑点布置后，道砟应进行捣实。

7.4.8 换梁机发车条件应符合下列规定：

1 换梁机应连挂可靠，空气制动压力显示正常。

2 检查换梁机手制动器、铁鞋、防溜枕木是否撤除。

3 换梁机、驻站联络员通信通畅。

7.4.9 换梁机线上行驶应符合下列规定：

1 换梁机应按照既定的行车路径、行车速度行驶，不得超速。

2 遇紧急情况需要驻车时，减压量应不超250MPa，再次行车时，必须检查梁体装载加固措施。

3 换梁机可在接触网带电情况下行驶，但作业人员不得登机作业。

7.4.10 换梁机驻车作业应符合下列规定：

1 驻车位置标志应设置明确，方便司机观察瞭望。

2 作业人员应在钢轨上画出停车标记，驻车允许偏差为 ±100mm，超过误差应进行二次驻车。

3 换梁机应提前30m准备驻车。

4 驻车速度应控制在2km/h以下，并派专人安放铁鞋及防溜枕木。

5 驻车到位后应立即采取制动措施，制动风压保持在0.5MPa以上，旋紧手制动器，同步设置防溜措施。

7.4.11 换梁机开展姿态转换应符合下列规定：

1 支腿旋转打开前，应将单侧支腿下横梁调整水平，横梁坡度不超过 2%，两支腿的下横梁高差不超过 10mm。

2 换梁作业前应确保接触网断电，断电前禁止登高作业。接触网高度应高于换梁机主梁 50mm，如需要进行挂网，不应超过 800mm，挂网应采用装有绝缘套 S 形挂钩；如挂网高度超过 800mm，应将接触网拨移。

3 主梁顶升前，应确认支腿转动止动销轴处于工作状态。

4 主梁顶升到位后应安装止动钢销。

5 起吊作业或者落梁前，必须确保运梁车尾部丝杠旋紧，顶在支腿下横梁上。

条文说明

换梁机支撑为旋转后伸缩支腿，旋转动作要求支腿水平。

7.4.12 旧梁起吊前，桥面轨排处理状态应符合下列规定：

1 应采用至少两道铁丝将梁缝的枕木捆绑结实。

2 拖拽旧梁钢轨时，应在拖拽路径中设置钢轨托辊，托辊间距宜为 3m，钢轨端头应采用专用工具保护。

3 当带钢轨换梁时，钢轨扣件应拧紧。

7.4.13 旧梁起吊前，桥面道砟处理应符合下列规定：

1 梁缝处道砟应清理干净。

2 梁体边道砟应清理干净。

3 吊点位置道砟应清理平整。

7.4.14 换梁作业前应检查吊带外观，应无破损、无漏丝现象。

7.4.15 吊带捆绑梁体应符合下列规定：

1 吊带应完全悬挂在吊具承槽内。

2 吊带护铁瓦应保持牢固，护铁瓦与梁体应贴合密实。

3 捆梁位置应符合设计要求。

7.4.16 起吊前应检查吊具水平度应符合下列规定：

1 单个吊具两个吊点间误差不应超过 ±40mm。

2 吊具两侧长度应一致。

条文说明

吊具两侧预留长度,直接影响吊具水平。

7.4.17 起重钢丝绳在起升过程中,梁被障碍物卡住或受冲击时,应立即停车检查钢丝绳有无异常。

条文说明

换梁天窗时间内快速对钢丝绳状态进行检查,确保能够安全完成当前换梁任务。

7.4.18 起重小车起吊梁体应符合下列规定:

1 梁体吊离支撑面 50mm 左右时,应暂停起吊,然后下落 30mm 左右停止,对制动系统及各重要受力关键部位等进行检查,确认正常后继续起吊。

2 起落梁时左右侧或前后端高差不宜过大,两端交替起吊时,梁的一端应缓慢起落。

3 梁体通过支腿后,停止起升,不得反复冲顶。

4 起重小车应具有过载保护程序。

5 施工单位必须派专人观察卷扬机情况。

7.4.19 起重小车喂送梁体,应观察与支腿之间的间距,确认后继续移梁通过支腿。

7.4.20 落梁对位应符合下列规定:

1 新梁落至距离千斤顶 50mm 时停止落梁,由三向液压千斤顶接梁,千斤顶标记载重量应在实际受载量的 1.5 倍以上。

2 调整梁缝、中心线应不超过 10mm。

3 梁每端应选用两个同类型的千斤顶同步起顶。

7.4.21 换梁机收车应符合下列规定:

1 折臂旋转前,检查支腿旋转范围无操作人员后拔出止动销轴。

2 支腿收折时,支腿横梁应调平。

3 起重小车应处于运输状态。

7.4.22 换梁机离场时,钢轨应完成连接,钢轨连接应符合下列规定:

1 钢轨轨缝小于 7mm。

2 轨道夹板扭矩不小于 700N·m。

3 扣件扭矩不小于 100N·m。

4 连接轨道夹板时,不应同时连接两端夹板。

5 轨道扣件宜从桥梁中部向两端拧紧。

7.4.23 换梁机通过新梁的速度应小于 5km/h。

7.4.24 换梁机离场后轨道静态几何偏差应符合《铁路线路维修规则》 （铁运〔2006〕146 号）中临时补修标准的规定。

7.5 横向顶推法换梁

7.5.1 横向顶推法（拖拉法）适用于桥高不大、桥下地形较为平坦、线路两侧空间宽阔的桥梁整孔换梁施工。

条文说明

此方法可避免单片架设换梁施工中横向连接、湿接缝的施工质量隐患，节约换梁施工中用于梁部横向连接及附属工程施工时间，减少施工后列车慢行时间。

7.5.2 横向顶推法施工工艺流程，如图 7.5.2 所示。

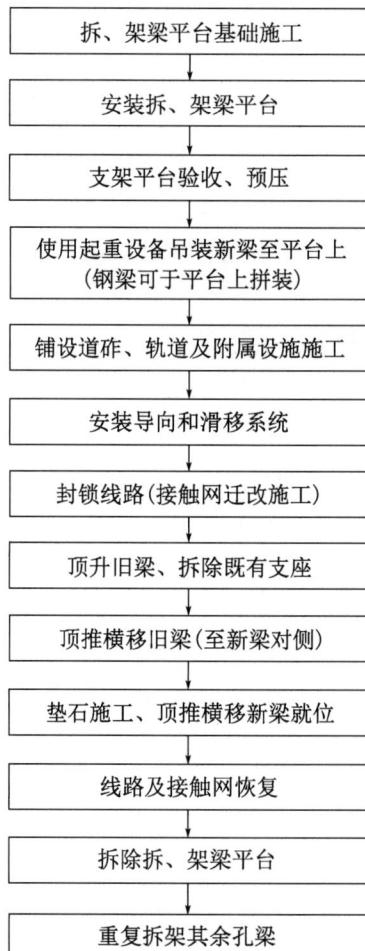

```
┌─────────────────────────┐
│   拆、架梁平台基础施工    │
└─────────────────────────┘
            ↓
┌─────────────────────────┐
│     安装拆、架梁平台      │
└─────────────────────────┘
            ↓
┌─────────────────────────┐
│    支架平台验收、预压     │
└─────────────────────────┘
            ↓
┌─────────────────────────┐
│ 使用起重设备吊装新梁至平台上 │
│   （钢梁可于平台上拼装）  │
└─────────────────────────┘
            ↓
┌─────────────────────────┐
│  铺设道砟、轨道及附属设施施工 │
└─────────────────────────┘
            ↓
┌─────────────────────────┐
│     安装导向和滑移系统     │
└─────────────────────────┘
            ↓
┌─────────────────────────┐
│  封锁线路(接触网迁改施工)  │
└─────────────────────────┘
            ↓
┌─────────────────────────┐
│   顶升旧梁、拆除既有支座   │
└─────────────────────────┘
            ↓
┌─────────────────────────┐
│ 顶推横移旧梁(至新梁对侧)  │
└─────────────────────────┘
            ↓
┌─────────────────────────┐
│ 垫石施工、顶推横移新梁就位 │
└─────────────────────────┘
            ↓
┌─────────────────────────┐
│    线路及接触网恢复       │
└─────────────────────────┘
            ↓
┌─────────────────────────┐
│     拆除拆、架梁平台       │
└─────────────────────────┘
            ↓
┌─────────────────────────┐
│     重复拆架其余孔梁       │
└─────────────────────────┘
```

图 7.5.2 横向顶推法换梁工艺流程图

7.5.3 千斤顶分为横向顶和水平顶，宜选用分离式（供油系统与起重系统分开集中控制）千斤顶，规格型号根据起重量及作业空间选用。

7.5.4 施工前应将横移梁体全部荷载作为活载，选取最不利工况对支墩及基础进行验算。

7.5.5 平台应进行专项设计。

7.5.6 支架平台吊装作业除应符合现行《铁路工程基本作业施工安全技术规程》（TB 10301）、《铁路桥涵工程施工安全技术规程》（TB 10303）的规定外，还应符合下列规定：
1 起重机械应根据支架平台的构架重量、长度和吊装高度、作业半径等进行选型。
2 起重机械安放位置应考虑地基承载力、周围环境等因素。
3 吊装过程中应采取措施防止吊运物件碰撞既有梁体及墩台等其他既有设施。

7.5.7 平台施工应遵循高空作业相关安全管理规定。

7.5.8 支墩顶应设置作业平台和防护栏杆等安全措施。

7.5.9 滑道结构应符合下列规定：
1 滑道应在梁体两端允许范围内垂直于梁体中心线处分别设置，滑道应相互平行，间距误差应不大于10mm、顶面高差不应大于50mm。
2 限位装置应准确设置在梁体平移终端的轨道梁上。
3 滑道顶面高程应根据梁体支座安装需要的净空高度确定。

7.5.10 顶推力（取拖拉力）应根据滑道结构、梁体荷载计算确定。

7.5.11 横移梁的动力装置应采用千斤顶；动力装置的额定动力应不小于设计顶推力（或拖拉力）的1.5倍。

7.5.12 反力架应根据顶推（或拖拉）装置的行程设置在轨道梁上，千斤顶应与梁体垂直。千斤顶与梁体间应设置弹性材料支垫。

7.5.13 梁体横移过程中，两端应同步行进，行程差应不超过20mm，行进速度不大于1000mm/min。

7.5.14 梁体横移就位后，应复核梁体纵、横中心线位置。

7.5.15 梁体顶推就位后拆除顶推装置，按照相关要求顶升梁体、拆除滑道、安装支座和落梁就位。

7.6 高架台车法换梁

7.6.1 高架台车法适用于桥高不大、桥下地形较为平坦、线路两侧空间宽阔的桥梁整孔换梁施工。

条文说明

　　高架台车法可避免单片架设换梁施工中横向连接、湿接缝的施工质量隐患，节约换梁施工中用于梁部横向连接及附属工程施工时间，减少施工后列车慢行时间。

7.6.2 施工前应将横移梁体及高架台车全部荷载作为活载，选取最不利工况对高架台车走行轨道地基进行验算。

7.6.3 铺设的轨道应平顺，轴线应与桥上线路中心线垂直，轨道接头不得有错台，轨道基础无沉陷，梁两端的横移轨道应平行，轨距、高低、水平、轨向等应符合现行《铁路轨道工程施工质量验收标准》（TB 10413）的规定。

7.6.4 横移轨道使用钢轨应符合再用轨相关技术条件，道床应采用压路机碾压，道砟厚度应参照高架台车使用说明确定。

7.6.5 高架台车横移轨道枕木数量应满足高架台车轴重要求。

7.6.6 横移梁的高架台车加固方案应按设计要求组织施工，台车使用前应检查试车。

7.6.7 高架台车横移梁时两端行程应同步。出现支撑松动时，应停止运行，轨道端部应加支撑点，防止台车溜滑。

7.6.8 起梁时，每端应使用两台千斤顶，底座应放置平稳，千斤顶顶面与梁体间应加木板或石棉垫，防止梁体滑动失稳。

7.6.9 高架台车走行轨道两侧端头均应设置止轮装置。

7.6.10 台车移梁时，走行速度不得超过高架台车设计要求，台车前后设专人指挥，梁体到位后台车应制动。

7.6.11 台车将梁体顶离支承面小于20mm应暂停起顶，对各个重要受力部位和关键部位进行检查，确认正常后继续起顶，梁在起落过程中应保持水平。

7.6.12 新梁就位后各部结构尺寸应符合现行《铁路桥涵工程施工质量验收标准》（TB 10415）的规定。

7.7 跨墩门式起重机法换梁

7.7.1 跨墩门式起重机法适用于多跨、桥高不大、地形较为平坦桥梁换梁施工。

7.7.2 跨墩门式起重机的设计应考虑新、旧梁的重量、宽度、高度及接触网的高度等要求。

7.7.3 跨墩门式起重机换梁施工时应符合下列规定：
1 跨墩门式起重机基础应满足地基承载力和变形要求。
2 跨墩门式起重机应垂直起吊。
3 两台跨墩门式起重机起落梁的速度、纵向走行和横向移梁速度应保持一致。
4 跨墩门式起重机起吊前应对周围设施进行防护。
5 当最大风力等级超过5级时停止使用跨墩门式起重机，启用止轮器，必要时设置缆风绳。

7.8 其他大型机械换梁

7.8.1 其他大型机械换梁是指使用汽车起重机、履带式起重机等大型吊装机械换梁作业。

7.8.2 起重吊装作业前编制吊装作业及起重设备安拆专项施工方案。

7.8.3 其他大型机械换梁工艺流程，如图7.8.3所示。

7.8.4 设备选型
1 根据起重构件的规格、重量及场地条件选择相适应的起重设备，安全系数应符合现行《建筑施工起重吊装工程安全技术规范》（JGJ 276）的规定。
2 采用双机换梁时，宜选用同类型或性能相近起重设备，单机荷载不得超过额定起重量的80%，构件总重量不得超过两起重机械额定起重量之和的75%，并要求统一指挥。
3 起重设备站位承载力按最不利吊装姿态检算。

```
起重设备站位场地处理
        ↓
   起重设备就位
        ↓
  拆除支座、捆梁
        ↓
拆除横向连接、加固旧梁（单片拆除时）
        ↓
       移梁
        ↓
  装载加固、运梁
        ↓
拆除本孔剩余梁（单片拆除时）
        ↓
   支承垫石处理
        ↓
  支座安装、落梁就位 ← 安装临时支撑
        ↓
  重复架设第2片梁
        ↓
   横向连接施工 ← 拆除临时支撑
        ↓
   重复其他孔跨
```

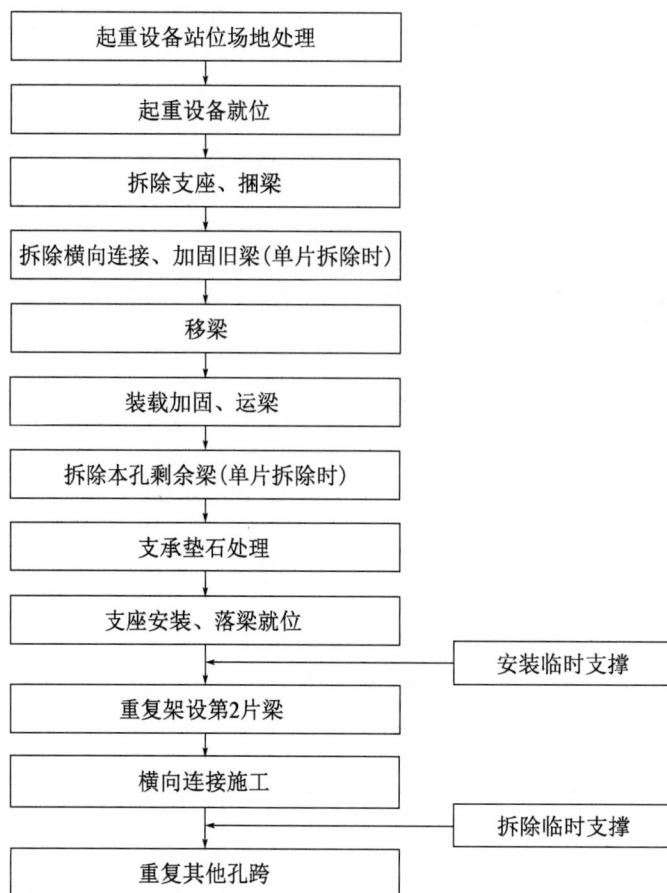

图 7.8.3 其他大型机械换梁工艺流程图

7.8.5 吊索、吊具等型号根据计算确定，计算时安全系数应取上限〔计算拉力时应按现行《建筑施工起重吊装工程安全技术规范》（JGJ 276）附录 A 的规定选取系数执行〕，吊索、吊具、接头性能符合相关规范要求，进场后及每次吊装施工前进行符合性检查。

7.8.6 捆梁

其他大型机械捆梁应符合本规程第 7.2.4 条相关规定。

7.8.7 换梁

1 旧梁单片拆除时，在捆梁完成后、旧梁拆除前应进行临时支撑加固。

2 单片梁就位后应进行临时加固支撑，相邻两片梁就位后应焊接横向连接钢筋，增加稳定性。

3 旧梁、新梁正式起吊前应试吊，起吊 100mm 后暂停，检查起重机稳定性、制动装置的可靠性、站位承载能力、绑扎牢固性、吊索吊具状态等，确认无误后可继续起吊。

4 吊装设备起重臂仰角不得超过其额定值。

5 伸缩式起重臂的伸缩，应符合下列规定：

1）起重臂伸出后的上节起重臂长度不得大于下节起重臂长度，且起重臂的仰角不得小于总长度的相应规定值。

2）起重设备在伸起重臂的同时，应相应下降吊钩，并必须满足动、定滑轮组间的最小规定距离。

6 起重设备吊装过程中变幅应缓慢平稳，不得快速起落。起重臂未停稳前，不得变换挡位和同时进行两种动作。

7.9 梁运输、加固及存放

7.9.1 货物采用铁路运输时应符合现行《铁路超限超重列车装载加固规则》的规定。

7.9.2 货物超限应执行《中华人民共和国铁路法》《铁路安全管理条例》（国务院令 2013 年第 639 号）、《铁路技术管理规程》（铁道部令 2006 年第 29 号）、《铁路超限超重货物运输规则》（铁总运〔2016〕260 号）的规定。

7.9.3 旧梁存放及处理

1 旧梁存放场地地面宜平整硬化处理。

2 旧梁单层堆放，堆放支点应使各点受力均匀。

3 堆放位置根据发送顺序安排，避免积压。

4 配备足够数量的支墩，支墩顶面宜设置垫木与梁底完全贴合。

5 旧梁按有关要求处理。

8 桥面系工程及其他

8.1 一般规定

8.1.1 桥面系小型预制构件、预应力梁横隔板、湿接缝、横向预应力张拉、压浆施工应符合现行《铁路混凝土工程施工质量验收标准》（TB 10424）的规定。

8.2 梁体横向联结

8.2.1 横向联结板应在线路开通前全部焊接完成。

8.2.2 T形梁横向预应力未施工前列车限速运行。

8.3 防水层及保护层

8.3.1 防水层及保护层施工应符合现行《铁路桥涵工程施工质量验收标准》（TB 10415）的规定。

8.3.2 桥面保护层表面裂缝宽度不得大于0.2mm。保护层应表面平整，周边新旧混凝土面结合紧密，厚度均匀。表面平整密实，不得有松散、起砂、脱皮、损伤等现象。

8.3.3 桥面防水层不得渗水，基层应平整、清洁、干燥，不得有空鼓、松动、蜂窝、麻面、浮渣、浮土和油污。防水涂层应厚度均匀、粘贴牢靠、搭接封口密贴。

8.4 挡砟墙、竖墙、接触网基础、接触网立柱

8.4.1 挡砟墙、竖墙、接触网基础及接触网立柱施工应符合现行《铁路桥涵工程施工质量验收标准》（TB 10415）的规定。

8.4.2 过水孔和电缆预留孔位置应准确，接地端子端面应竖直并与模板顶紧。

8.4.3 挡砟墙、竖墙应按设计要求设置断缝。

8.4.4 拆模时混凝土强度宜达到设计值的 50%，拆模后应加强成品保护，防止磕碰损伤。

8.4.5 接触网支柱基础应表面平整，预埋螺栓位置准确。

8.4.6 基础网立柱线间距应满足设计要求。

8.5 栏杆（挡板）、电缆槽（盖板）、声（风）屏障基础

8.5.1 栏杆（挡板）、电缆槽（盖板）、声（风）屏障基础施工应符合现行《铁路桥涵工程施工质量验收标准》（TB 10415）的规定。

8.5.2 栏杆内侧间距应满足设计要求。栏杆的安装应牢固、顺直，高度应保持一致。

8.5.3 电缆槽及盖板的安装应正确区分规格、型号。

8.5.4 声屏障基础预埋螺栓、预埋钢板材质及其防腐防锈处理应符合设计要求；预埋螺栓应螺纹完整，无锈蚀、水泥浆等污物。

8.5.5 预埋螺栓露出长度应符合设计要求。

8.6 人行道、栏杆、避车台、吊篮、围栏、声屏障

8.6.1 人行道、避车台、吊篮、围栏、声屏障施工应符合现行《铁路桥涵工程施工质量验收标准》（TB 10415）的规定。

8.6.2 人行道钢横梁、立柱、支架与桥梁的连接（焊接、栓接）应符合设计要求。

8.6.3 栏杆、避车台、检查梯的位置、结构、材质、尺寸应符合设计要求。

8.6.4 避车台与梁体、墩台的连接、防腐防锈处理，应符合设计要求和相关标准的规定。

8.6.5 换梁过程中如需拆除吊篮、围栏，应按设计要求恢复。

8.6.6 声屏障单元板存放、运输及装卸过程中，应保证单元板正立，使用临时支架应保证单元板不受损伤。

8.6.7 声屏障单元板吊装时各吊点或支点应受力均匀，且应位于同一平面内。

8.7 桥梁伸缩缝、防落梁挡块

8.7.1 桥梁伸缩缝、防落梁挡块施工应符合现行《铁路桥涵工程施工质量验收标准》（TB 10415）的规定。

8.7.2 桥梁架设完毕后，可根据实际梁缝的宽度选取伸缩缝型号。

8.7.3 伸缩缝安装时，环境温度宜为当地夏季最低温度 ±5℃。

8.7.4 伸缩缝防水橡胶条表面不应有开裂、缺胶、海绵状缺陷。

8.7.5 弹性体伸缩缝施工应符合现行《铁路混凝土桥梁弹性体伸缩缝暂行技术条件》（TJ/GW 120）的规定。

9 轨道安装、拆除

9.1 一般规定

9.1.1 施工前根据设计文件调查桥上单元轨节布置情况及实际锁定轨温，并编制断轨、铺轨计划表。

9.1.2 在桥枕与普通轨枕分界处，应保持同类型轨枕延伸至钢轨头外不少于 5 根。

9.1.3 铺轨后应及时组织铺砟整道作业，铺砟整道作业可采用人工操作并辅以小型机具。

9.1.4 轨排宜在铺轨基地集中组装，轨排生产根据施工顺序及铺轨计划表进行。

9.1.5 铺轨计划表主要内容应包括：轨排编号、铺设位置、钢轨类型、长度和曲线内股缩短轨缩短量、相对钢轨接头相错量，轨枕种类、类型、数量和间距布置、曲线半径、转向和轨距加宽值，以及其他特殊要求的说明。

9.2 线路放散

9.2.1 无缝线路应力放散及锁定应符合现行《客货共线铁路轨道工程施工技术规程》（Q/CR 9654）、《铁路轨道工程施工质量验收标准》（TB 10413）的有关规定。

9.3 轨排拆除

9.3.1 施工单位应提前对拟拆除范围内的轨道进行全面调查，包括钢轨的硬弯、接头相错量、螺纹道钉损坏、轨枕失效等，并记录。

9.3.2 从线路上拆除的旧钢轨，整修后使用应符合相关技术条件。

9.3.3 锯切长轨时，锯切点与保留焊缝的距离应不小于 4.5m。

9.3.4 应在距轨端 0.5～1m 非工作边侧轨腰处用红底白字标明钢种、轨型和钢轨长度，并应分类堆码，建立台账，妥善保管。

9.3.5 定尺轨和缩短轨应采取平排列方式分类码放，多层存放时，层间垫物应平直，上下位置对齐，防止钢轨受力不均。

9.3.6 旧轨料应如数回收，并根据工务部门要求运至指定地点堆码整齐，钢轨上的标记齐全、正确、清晰，办理移交手续。

9.4 轨排运输及加固

9.4.1 轨排采用汽车运输时应符合下列规定：

1 轨排的装载应稳固，防止在运输过程中发生位移、倾斜或掉落。

2 车辆的载重不得超过其额定载重。

3 轨排的堆放高度和方式应符合运输安全要求，不得影响驾驶员视线和车辆的稳定性。

4 运输路线应提前规划，避开路况不佳、限高限宽或存在其他交通障碍的路段。

5 轨排的尺寸、重量超出常规运输的限制时，应办理超限运输许可。

9.4.2 轨排采用铁路运输时应符合下列规定：

1 除超限货物外，货物的装载高度、宽度和计算宽度不得超过机车车辆限界基本轮廓和特定区段装载限制。

2 货车装载的轨排重量（包括轨排包装、防护物、装载加固材料及装置）不得超过其容许载重量。

3 轨排的装车、运输应满足装载加固相关要求，按规定做好装车加固后的检查和验收，保证运输安全。

9.4.3 轨排装载加固应符合下列规定：

1 装车应采用反装法（装车时，每三节为一组，按照铺轨的方向，由下至上，轨节号由大到小）。

2 轨排组装后进行编号，按照铺架计划逐排吊装。轨排装车不得超载，P60 - 25m 轨排多层叠放时每组不宜超过 5 层，装载后轨排应上下左右摆正对齐，层与层之间应以垫木隔开，各层垫木的位置应设在设计规定的支点处，上下层垫木应在同一条竖直线上，不得歪斜。

3 装车应按交底进行吊装。成组待发前应由专职检查员进行自检，轨排采用铁路运输时，应由铁路货运专业人员验收。

4 跨装轨排的两平板车组，在装车前应安装车钩缓冲停止器，车钩提杆用铁丝捆绑。

5　轨排装载加固流程如图9.4.3-1所示，轨排装载加固示意如图9.4.3-2所示。

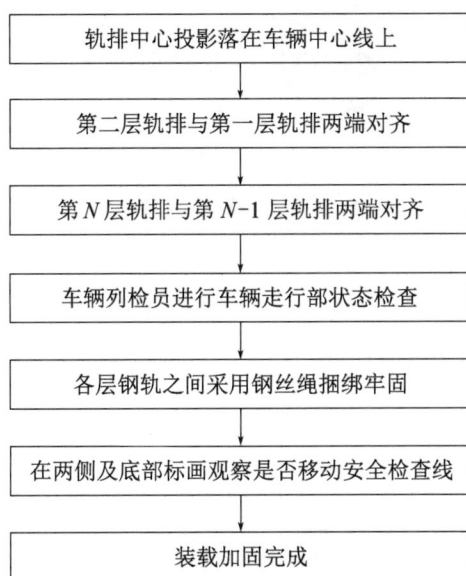

图9.4.3-1　轨排装载加固流程图

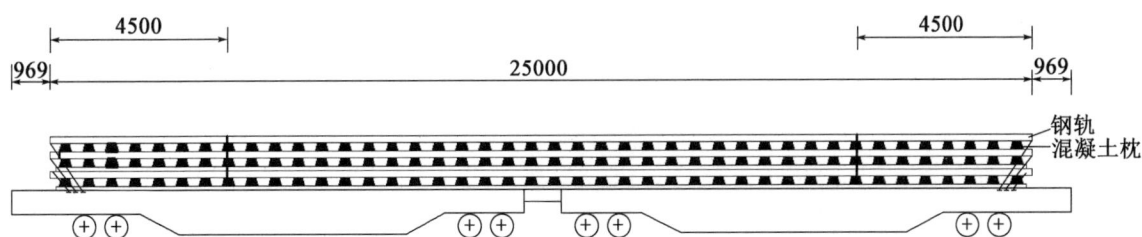

图9.4.3-2　轨排加固示意图（尺寸单位：mm）

条文说明

轨排装载加固方法可参照下列规定：

（1）轨排装载应根据轨排长度、宽度、装载层数及重量确定重心高度。

（2）轨排采用铁路运输时，车辆宜使用N17各型木地板平车。轨排装于平板车后，高度及宽度均应在机车车辆限界以内。

（3）加固材料宜使用垫木、草支垫及直径不小于15.5mm钢丝绳，钢丝绳夹应与钢丝绳相匹配。

（4）轨排用N17各型木地板平车两车负重（两车木地板高度相同）顺向跨装装载，层数不宜超过5层。

（5）轨排混凝土轨枕与平车木地板之间铺设纵向草支垫或垫木，装车后货物底部距平车木地板距离不得小于80mm。

（6）在车钩自然状态下安装车钩缓冲停止器，并用8号镀锌铁线将提钩杆捆牢。

（7）轨排装载后应均衡对称，使轨排重心投影落在车组纵向中心线与车钩连挂中心横中心线交点上。

（8）钢丝绳两端用钢丝绳夹紧固成绳扣，每端不得少于3个钢丝绳夹，间距应满足相关要求。

（9）在各层轨排两端，使用双股钢丝绳穿过钢轨螺栓孔各拉牵不少于2个倒"八字形"，捆绑在车侧丁字铁或支柱槽上。

（10）在既有线路运行时，列车应按装载加固规则及国铁集团相关文件要求限速。

（11）在承重车辆两侧及端部宜使用油漆标注检查线。

9.4.4 轨排运输及加固应符合《铁路货物装载加固规则》（铁总运〔2015〕296号）、《超限运输车辆行驶公路管理规定》（铁总运〔2016〕260号）的有关规定。

9.5 换铺法铺长钢轨

9.5.1 换铺法铺长钢轨作业应符合现行《铁路轨道工程施工质量验收标准》（TB 10413）的规定。

9.6 工地钢轨焊接

9.6.1 工地钢轨闪光焊接应配备移动式闪光焊接作业车、拉轨器、锯轨机、钢轨打磨机、正火机、调直机、探伤仪等主要机械设备。

9.6.2 工地钢轨闪光焊接应符合下列规定：

1 拆除待焊轨头后方10m范围内的扣件后校直钢轨。

2 根据轨枕和扣件类型适当垫高待焊轨头后方的钢轨，保证焊头轨顶平直度。

3 待焊轨头前方长钢轨下每隔12.5m安放一个滚筒，以便钢轨可以纵向移动焊接。

4 打磨两待焊轨轨端和焊机电极钳口的轨腰接触区，呈现光泽后方可施焊。

5 将两待焊轨端抬起一定高度进行焊机对位夹轨，抬起高度应根据轨枕和扣件类型确定。

6 焊轨作业车一侧钢轨轨下应采取支垫措施实现轨面高度平顺过渡，焊轨作业车前轮对下方应垫实。

7 推进移动焊轨车初定位时，应采取措施防止钢轨外翻、焊轨车掉道。

8 焊机夹紧钢轨并自动对正。焊机自动焊接钢轨、顶锻并推除焊瘤。

9 作业车焊完后，应使用相应机具对钢轨焊缝进行正火、打磨、平直度检查和超声波探伤等。

10 粗磨应保证焊接接头的表面粗糙度能够满足探伤扫描的要求。焊头非工作边的垂直、水平方向错边应进行纵向打磨过渡。

11 手砂轮粗打磨时，应纵向打磨，使火花飞出方向与钢轨纵向平行。打磨过程中，不应使砂轮在钢轨上跳动冲击钢轨母材，不应出现打磨灼伤。

9.6.3 工地钢轨焊接接头外观质量及平直度应符合设计文件和有关规范要求。

9.6.4 锁定焊接需要插入短轨时，短轨材质与原钢轨相同，焊后应保持原无缝线路技术状态和锁定轨温不变。

9.6.5 工地钢轨闪光焊接接头超声波探伤检查作业应符合下列规定：

1 每个钢轨焊头均应进行超声波探伤检查。填写探伤记录，记录应包括探伤人员、探伤日期、仪器、探头、焊接接头编号、测试数据、探伤结果及处理意见。

2 新焊接头探伤在推凸、打磨和热处理后进行，探伤时焊接接头的温度不应高于40℃或自然轨温。

3 扫查前应检查探测面表面状态，应无锈蚀和焊渣，打磨面应平顺、光滑，打磨范围应满足探伤扫查的需要。

4 经探伤检查不合格者，应锯切重焊。

9.6.6 工地钢轨闪光焊接完成后应做好以下工作：

1 检查焊接接头质量，填写焊接记录报告。

2 对每个接头进行标识，标识位于焊接长钢轨的同一侧轨腰、距焊缝1～6m位置，标识应清晰、端正。

3 线路恢复时，扣配件应齐全、安装正确。

4 恢复轨道至正常状态，清理焊接现场。

10　特殊条件施工

10.1　一般规定

10.1.1　特殊条件下换梁应选用技术性能适合于特殊条件下作业的起重机械，并根据需要增加辅助换梁设备或设计新型吊具等特殊措施。

10.1.2　经设计或改造的特种设备、设计的新型吊具使用前应经具有相关资质的第三方检测单位进行检测。

10.2　特殊线路条件下换梁

10.2.1　特殊线路条件主要包括下列内容：
1　桥上线路曲线半径400m以下的换梁施工。
2　桥上线路纵坡在12‰以上的换梁施工。
3　桥跨位于电力线路下的换梁施工。

10.2.2　铁路架桥机在小半径曲线线路上换梁时，宜采取下列措施：
1　架桥机和运梁车经设计或改造应满足小半径曲线换梁要求。
2　架桥机可采取拨道、摆臂和加宽墩帽相结合的办法对位架梁，确保0号柱的支立位置。
3　架桥机可根据架梁跨度和所在曲线半径计算横移调整量，然后调整支腿位置与桥段的中线一致，再进行梁体拆架。
4　过孔时，架桥机后支腿与辅支腿的走行速度应同步。当接近限定位置时应提前减速，点动对位。

10.2.3　铁路架桥机在大坡度线路上换架梁时，宜采取下列措施：
1　具有自行性能的架桥机，在大于其允许自行坡度的线路上架梁时，可用机车推送。
2　架桥机在大坡度线路上对位时，宜在机身两侧设专人持铁鞋或木楔监护。
3　作业人员可在桥头线路端头安放用螺栓与钢轨相连接的固定式止轮器，架桥机车轮下均塞入铁鞋并用木楔塞紧。

4 架桥机通过调整前支柱（0 号柱）的支垫高度，减小大臂的倾斜度。

5 吊梁小车和走行车的制动设备必须可靠，并应加配制动失灵时的保险设施。

6 当牵引困难时，可在前方用机动平车帮助牵引。

7 当坡度变化很大，车辆有脱钩可能时，可用钢丝绳将钩头缚住。

10.2.4 架桥机电力线路下换梁时，可按下列规定执行：

1 架桥机与输电线最小距离应符合现行《架桥机安全规程》（GB 26469）的规定。

2 人员不得从架桥机和电线之间通过。

3 雨、雪、大雾、雷电等不利气候条件下，不得在输电线下架梁。

10.3 特殊气候条件下换梁

10.3.1 特殊气候条件下架梁主要包括下列内容：

1 大风条件时换梁施工。

2 暴雨后或在长期阴雨中换梁施工。

3 冬期换梁施工。

10.3.2 当最大风力等级大于 6 级时，不宜进行换梁施工；当风力为 4~6 级时应采取以下措施：

1 及时掌握风向、风力情况，并密切观测风速变化。

2 作业人员应有可靠的安全防护措施。

3 吊梁走行及落梁时应选在风力较小时进行。

4 落梁后应及时进行支撑加固。

10.3.3 在暴雨后或长期阴雨中换梁时，应根据连续下雨的天数、总降雨量和排水等情况，采取下列措施：

1 运梁和换梁前，应检查作业范围的路基、桥涵有无病害，并进行加固或整治。

2 雨中作业易发生漏电及电气短路等故障，应加强检查防护。

3 雨季应加强人员防滑措施。

4 暴雨后施工前，应对所有用电线路及电气设备进行检查，施工前做好试吊工作。

5 雨期施工应加强与气象部门联系，及时掌握天气情况。

6 施工前做好设备接地装置，过程中及时检查接地装置状态。

10.3.4 冬期换架梁施工时，宜采取下列措施：

1 墩台顶面、支承垫石面上和预埋锚栓孔内的冰雪及杂物应除尽，保持干燥，支座不得安放在带有薄冰层的垫石上。

2 脚手板应设置防滑措施。

3 浇筑锚栓孔砂浆、细石混凝土及横隔板混凝土时，应按冬期施工有关规定施工。

4 机械使用的各种油料和防冻液应与冬期施工温度相适应。

5 应检查钢丝绳的润滑情况，确保油脂润滑效果，防止冻结影响钢丝绳使用。

6 气温在−20℃及以下时，不得进行换梁施工。

条文说明

经过试验资料表明，电弧焊在−50℃下进行焊接时，如果焊接工艺和参数选择适当，其接头的性能良好，但考虑到试点工程最低温度为−23℃，当温度过低时，工人操作不便，为确保工程质量，故规定当温度低于−20℃时不应进行各种焊接，由于架梁时需要对梁体进行横向连接等相关焊接作业，所以当温度低于−20℃时，不得进行换梁施工。

10.4　特殊桥梁条件下换梁

10.4.1　特殊桥梁条件下换梁，应符合现行《铁路架桥机架梁技术规程》（Q/CR 9213）中第8.4条的规定。

11 验收

11.1 一般规定

11.1.1 桥梁架设中线、高程应符合设计要求。

11.1.2 桥梁横向连接已完成，围栏、吊篮、人行道、电缆槽等附属结构已完成，并经属地铁路局工务段验收合格。

11.1.3 接触网立柱安装不得侵入行车限界。

11.1.4 接触线的导高、拉出值应满足设计要求，并经属地铁路局供电段验收合格。

11.1.5 接触网开通前应完成冷滑试验和热滑试验。

11.1.6 线路开通前将施工机具、材料清理至行车限界外。

11.1.7 LKJ（列车运行监控记录装置）数据有变化的，线路和接触网开通前应完成数据变更。

11.1.8 桥梁由建设、设计、施工、监理和设备管理单位验收合格后方可开通线路。

11.2 桥梁结构检查验收

11.2.1 换梁完成后，桥梁结构应符合现行《铁路桥涵工程施工质量验收标准》（TB 10415）、《铁路混凝土工程施工质量验收标准》（TB 10424）的有关规定。

11.3 四电接口检查验收

11.3.1 接触网、通信、信号电缆施工安装调试完成，其质量应符合现行《铁路信号工程施工质量验收标准》（TB 10419）、《铁路电力工程施工质量验收标准》（TB 10420）、《铁路电力牵引供电工程施工质量验收标准》（TB 10421）、《铁路通信工程施工质量验收标准》（TB 10418）的规定。

11.4 线路验收

11.4.1 线路开通前，施工单位应与属地铁路局行车组织、设备管理部门进行有效沟通，相关部门已做好各项接管准备工作。

11.4.2 线路开通前，施工单位应按照属地铁路局要求的道床振捣、稳定遍数完成对道床的振捣和稳定。

11.4.3 线路的正矢、超高、道床几何尺寸应符合设计要求，护轨和梭头应安装完成，线路开通前须通过属地铁路局工务段的验收。

11.4.4 线路开通后列车应限速通过，慢行距离和限速标准应符合属地铁路局营业线施工管理实施细则的相关要求。

11.4.5 线路开通后应按照属地铁路局相关要求进行多次道床捣固及稳定，每次捣固及稳定完成后，通行列车按要求提速。规定的捣固、稳定遍数完成后，列车恢复常速运行。

12 安全施工及环境保护

12.1 一般规定

12.1.1 施工安全管理

1 换梁施工前，应建立健全安全管理机构和安全生产规章制度，并明确各成员的安全管理责任。

2 施工单位应制定安全生产费使用计划，并保证换梁施工安全生产费的足额投入。

3 换梁施工前，施工单位应针对本工程的风险源制定安全管理目标，并根据实际情况完成目标分解、制定相应的预防措施和应急预案。

4 新开工或长期停工后复工时，应对所有进场工人进行岗前培训，考核合格后方可上岗；特种作业人员、机械设备操作员以及专职安全员必须持证上岗，并建立相应的台账；涉及到营业线或邻近营业线施工的施工单位施工负责人、安全员、防护员、联络员、带班人员和工班长必须经属地铁路局营业线施工安全培训并考试合格后方可担任上述工作。

5 施工单位应按要求组织方案交底和安全技术交底并保存交底记录及相关影像资料，交底人员和施工单位安全生产管理人员应不定期检查交底落实情况。

6 施工单位应及时根据风险辨识评估结果编制应急预案，并按要求配备充足的应急物资、人员和设备，按要求组织应急演练；发生安全事故后，立即启动应急预案，采取有效措施防止事故扩大，并按规定上报事故情况。

7 施工单位应制定日、周、月安全检查计划，并切实执行和实施，检查中发现的问题及时建立问题库，并制定问题整改计划，及时销号闭合；同时应积极配合其他上级部门及参建单位的检查。

12.1.2 施工安全技术

1 施工单位应在危险源辨识评估的基础上，制定相应的安全技术措施，并纳入施工组织设计和专项施工方案。

2 施工单位应按要求制定并分级实施安全技术交底制度，保存交底记录和相关影像资料。

3 安全防护设施应实行验收制度，并应与主体工程同时设计、同时施工、同时投入生产和使用。

4 施工单位应检查落实安全技术文件中的各项安全技术措施执行情况。

12.1.3 施工安全培训

1 施工单位应建立健全安全生产教育培训制度，制定培训计划，对参建人员按规定进行培训，考核合格后方可上岗。

2 参与工程施工的项目负责人和专职安全管理人员、特种作业人员应经专门的安全培训，考核合格后方可上岗。

3 施工单位对管理人员和施工作业人员安全生产教育培训情况应有记录，培训时间应符合国家和行业有关规定。

4 参与营业线施工及邻近营业线施工的人员，其安全生产教育培训应符合有关规定的要求。

12.1.4 施工安全作业

1 施工作业前应进行班前安全讲话，向作业人员明确施工作业范围、安全注意事项、应急措施和要求，确保作业人员熟知安全操作要领和注意事项，并作好记录。

2 进入现场的所有人员应按规定配备和使用劳动保护用品。特种作业人员应根据特殊工种要求配备特种防护用品。

3 换梁作业前，应预先清除架桥机限界内的障碍物。通过隧道时应低速运行，设专人指挥和防护。

4 在坡道和曲线架梁时，运梁车应有可靠的防溜、防倾覆措施，架桥机应正确使用止轮装置。

5 架梁完成后，桥面湿接缝未施工前，需在湿接缝位置处铺设预防高坠的安全防护板材。

6 架桥机过孔及架梁过程中，横移轨道的承重支墩不应置于 T 形梁翼缘板上。架桥机前后的横移轨道必须支垫牢靠，确保平行和顺直，端头设置车挡。横移轨道应使用通长钢轨。

12.1.5 营业线施工安全

1 营业线施工前，施工单位会同设备管理单位成立施工协调领导小组，负责组织相关部门和单位协调解决营业线施工、运输、安全等问题，做到运输、施工统筹兼顾，确保行车、人身和施工安全。

2 营业线施工应编制专项施工方案，经铁路建设管理部门审查，形成审查会议纪要。属于重大危险源的项目按规定组织施工条件验收。

3 施工单位依据审查批准并完善后的施工方案，与有关的设备管理单位、配合单位和运营单位按施工项目分别签订施工安全协议。

4 桥梁施工影响铁路建筑限界或营业线设备安全限界的，应根据机车车辆限界和设备管理单位要求，制定营业线运营安全保障措施并按规定经相关部门审批后实施。

5 施工中搭设的支架工程、堆放的工程材料或机具设备等必须稳固可靠，不得侵入机车车辆限界范围。

6 施工单位应根据月度施工计划制定施工预案；Ⅰ级或Ⅱ级施工和涉及行车设备变化的、需自轮运转特种设备或路用列车配合的、办理非正常行车的Ⅲ级施工，施工单位、设备管理单位、运营管理单位应根据月度施工计划分别制定施工预案。

7 施工前，施工单位会同设备管理单位进行现场调查，共同核实作业范围内地下管线、轨旁设备的分布情况，签认现场调查确认表，制定相应的防护措施，纳入施工方案审查范围。

8 营业线施工现场主要管理人员、带班人员和现场防护员、驻站联络员等，应按规定经铁路运营单位专门培训合格后持证上岗。

9 各单位应遵守"先防护、后作业"和"防护人员不参与作业"的原则。防护人员上岗前，应带齐防护用品，各单位按要求配足防护人员，设置远端、现场、驻站防护人员。驻站联络员应按规定时间提前到达车站行车室，进行驻站登记，按规定要求与现场防护员联系，准确传达行车信息。

10 施工现场使用大型机械设备作业的，应遵循有关规定，现场作业机械应与施工计划中提报的相符，设备性能良好，操作人员证件齐全有效。

11 施工机械应按照指定路线进入作业区域，不得超范围施工。作业时配备专职防护人员，实行"一机一人"防护制度。大型特种设备必须采取可靠的防倾覆措施。

12 接触网挂地线安全防护要求。

1）所有施工人员必须正确穿戴防护服、安全帽等防护设备，所有工器具、材料不得侵入建筑限界，作业人员到达现场后将地线杆接好，将地线捋开，不得有打结的地方，穿戴好绝缘鞋和绝缘手套，用验电器在未停电设备上验电，现场检验验电器是否良好。

2）接到接触网已停电且可以验电接地的命令后，作业人员用验电器对停电设备进行验电，验电器无报警提示后将地线挂到停电设备上，挂设过程中不要碰及地线，挂接好后，做好防风摆措施。

3）作业人员接到拆地线命令时，开始拆除地线，先撤出与停电设备相连的一端，再拆掉接在钢轨上的一端。

4）接触网恢复供电后，用验电器进行验电，验明有电后，收拾工器具、材料有序撤出现场。

13 严格按批准的施工项目施工，不得超前准备和超范围施工。

14 严格落实要点登记手续，确认运营单位发布命令后方可施工。

15 线路开通前，按规定进行安全质量检查验收，确认线路设备状态达到开通条件，及时办理销点手续。

16 线路开通后，按规定安排专人巡查整修线路，保持线路处于良好状态。

12.2 特种设备

12.2.1 根据既有铁路换梁施工的特点，换梁作业所用起重设备有铁路架桥机、汽车式起重机，设备类型根据换梁梁体重量确定。

12.2.2 特种设备进场登记及验收

1 施工单位应在特种设备投入使用前或者投入使用后 30d 内，书面告知属地市的特种设备安全监督管理部门。

2 大型起重设备进场前，设备产权单位必须提供特种设备出厂合格证、特种设备检测报告书、特种设备操作手操作合格证、特种设备保险单、吊装公司资质、信号工（司索工）证件、吊具合格证、钢丝绳合格证等。

12.2.3 特种设备操作人员持证上岗

1 特种作业人员在独立上岗作业前，应按现行《特种作业人员安全技术培训考核管理办法》（国家安全生产监督管理总局令 2015 年第 80 号）、《特种设备作业人员监督管理办法》（国家质量监督检验检疫总局令 2011 年第 140 号）及其他有关规定进行与本工种相适应的、专门的安全技术理论学习和实际操作训练执行。操作人员经具有相应资质的专业培训机构培训与考核合格后，取得特种作业操作证后上岗作业，禁止无证上岗。

2 特种设备操作人员作业时要随身携带操作证件，并自觉接受项目部的安全管理部门和设备监管部门的监督检查。

3 操作人员作业前须对设备及周围环境进行检查，清除周围影响安全作业的物品。在设备没有停稳的情况下，不得进行检查、修理、焊接切割、加油、清扫等违章行为。

4 操作人员进入施工现场前必须佩戴安全帽、救生衣等防护用品，高空作业人员必须挂好安全带，不得使用有缺陷的防护用品、用具。

5 工作过程中禁止操作人员擅自离岗，工作空闲时段，操作人员要在现场待命，不得在未通知下班的情况下私自离开设备。

6 操作人员在操作过程中要与指挥人员默契配合，加强交流，杜绝因沟通问题而导致吵架、打架等恶劣事件的发生。

7 指挥人员指挥不当时，操作人员要及时提醒，拒绝违章作业，拒绝强干蛮干。

8 操作人员要密切观察设备运转状况，认真填写运转记录；经常检查设备安全附属结构是否安全可靠，架桥机停稳后，立马采取防溜、防滑措施，发现异常及时报告或处理。

9 操作人员要定期做好设备维护保养工作，保证设备高效运转。

12.2.4 特种设备作业人员应严格执行特种设备的操作规程和有关的安全规章制度。

12.2.5 特种设备定期检查制度

1 特种设备操作人员在每日上班前，应对设备基本情况进行一次全面检查，发现异常及时报告，并在第一时间安排维修。

2 应针对设备运转情况、现场施工状况、天气变化情况不定期对特种设备进行全面彻底的专项检查。检查过程中发现的问题，通知各单位进行整改，整改完成后再组织人员进行复查。

12.2.6 特种设备维修保养制度

1 加强设备的维护保养，根据特种设备操作规程的要求、使用年限、磨损程度以及故障情况，制定相应的维保计划，明确维护保养内容及保养时间。

2 根据设备运行周期，定期对设备进行检修。

3 应建立设备维护保养档案记录。

4 当设备发生故障时，应迅速启动应急预案。

12.3 临时用电

12.3.1 施工现场临时用电设备在 5 台及以上或设备总容量在 50kW 及以上者，应编制临时用电组织设计文件。

条文说明

施工现场临时用电组织设计应符合现行《施工现场临时用电安全技术规范》（JGJ 46）的规定。

（1）临时用电组织设计及变更时，必须履行"编制、审核、批准"程序，由电气工程技术人员组织编制，经相关部门审核及具有法人资格企业的技术负责人批准后实施。变更用电组织设计时应补充有关图纸资料。

（2）临时用电工程必须经编制、审核、批准部门和使用单位共同验收，合格后方可投入使用。

12.3.2 施工现场临时用电设备在 5 台以下和设备总容量在 50kW 以下者，应制定安全用电和电气防火措施。

12.3.3 根据现场实际情况确定临电用电电源，除非现场已经具备施工正式用电，一般情况下，采用发电机或移动电源。铁路架桥机一般使用自带电源。

12.3.4 发电机房的选址和建设应满足下列要求：

1 发电机房应避开洪水等危险地带，同时考虑施工用电的方便性和配电链接的经济性。

2 发电机房应确保发电机免受雨淋、日晒、风吹及过热、冻坏。

3 发电机周围有足够的空间，便于机组的冷却、操作和维护保养。

4 发电机安装应高出机房地面 200～300mm。

5 发电机房设置火灾报警装置和与柴油发电机容量以及建筑规模相适应的灭火器材和警示标志。

12.3.5 建筑施工现场临时用电工程专用的电源中性点直接接地的220V/380V三相四线制低压电力系统应符合下列规定：

1 采用三级配电系统。

1）分配电箱应设在用电设备或负荷相对集中的场所。

2）分配电箱与开关箱的距离不得超过30m。

3）开关箱与其供电的固定式用电设备的水平距离不得超过3m。

4）每台用电设备设置自己专用的开关箱，开关箱由末级配电箱配电，所有开关箱必须实行"一机一闸，一漏一箱"，动力和照明线路不得共用同一开关箱。

5）配电箱固定要牢靠，采用移动式箱体，应装设在支架上，箱体中心点距地1.3m。

6）设备容量大于15kW的动力电路，应采用降压启动装置。

2 采用TN-S接零保护系统（也称三相五线制系统），其工作零线N与专用保护零线PE在总配电箱漏电断路器前分开，严格区分工作零线N和专用保护零线PE，施工时应注意：除总箱处外，其他各处均不得把N线和PE线连接。

3 采用二级漏电保护系统。

1）施工现场的所有配电箱内必须在电源侧装设明显断点的隔离开关，总配电箱、分配电箱、开关箱均设置漏电保护器，且保护器额定漏电动作电流和额定漏电动作时间应合理配合，使之具有分级保护的功能。

2）施工现场所有用电设备的开关箱，除保护接零外，必须在设备负荷线的首端处安装漏电保护器。

12.3.6 线路敷设现场选用三相五线制系统。

1 电缆采用直接架空敷设的方式，净空高度不低于2.5m，并沿电缆走向设置标志牌，电缆接出线路上设有二级配电箱。

2 电缆埋地敷设时，埋地深度不小于0.7m，电缆在道路、易受机械损伤的场所及引出地面（从2m高度至地下0.2m处），应加设防护套管。进配电箱的电缆须穿管保护。

3 现场照明供电线路与动力供电线路分开，以避免系统间的影响。

12.3.7 发电机安全操作规程

1 操作人员应持证上岗。

2 发电机要安装平稳，置于发电机房内。

3 操作人员在操作前应检查内燃机与发电机传动部分，确保其连接牢靠，输出线的导线应绝缘良好，各仪表齐全、有效。

4 发电机启动前先断开供电输出开关，将中性点接地开关接合。

5 发电机启动后，检查在升速中有无异响，滑环及整流子上的碳刷接触良好无跳动，无冒火花现象，待频率、电压达到额定值后，方可向外供电，负荷应逐步增大，三相保持平衡。

6 发电机运行中由操作人员经常检查其工作情况，各种仪表指示应正常，各运转部分无异常，其电流不超过允许值。

7 停机时应先断开各分路主开关，逐步减去负荷，然后断开发电机主开关，将电压降至最低值时，停止内燃机运转。

12.3.8 现场临时用电安全管理

1 电工必须持证上岗，并定期检查和维修并填写检查、维修记录。

2 现场施工电源不得私自拆改，如需改动必须经现场负责人同意，由专业电工操作。

3 施工现场用电必须做到"一机一闸，一漏一箱"，且箱内漏电保护器定期做灵敏度测试，确保动作有效。

4 手持电动工具使用完毕应拔掉电源插头，开关箱拉闸断电，箱门上锁。

5 电气焊及明火作业前应办理动火证或作业票；作业时在指定地点设监火人，配备充足防火器材。

6 各电气作业人员作业时必须持证上岗，按规定穿戴劳动防护用品；作业人员应遵守安全操作规范，不得违章作业。

7 使用电气设备的作业人员必须按照安全技术交底施作。

8 现场电工必须严格执行施工现场临时用电安全技术规范，对施工现场的机电设备、手持电动工具、开关箱、配电箱等电气设备进行巡回检查。

12.4 高处作业

12.4.1 高处作业应考虑的主要危险源、危险因素包括安全防护失效、作业台架失稳、高空坠落、物体打击、触电火灾等情况。

12.4.2 不适合高处作业的人员，不得进行高空作业。

12.4.3 作业人员在高处作业时应系安全带，安全带应采用高挂低用的方式挂在牢固的物件上，不得在一个物件上拴挂多根安全带。

12.4.4 作业人员应从专用的通道或爬梯通行，不得攀登脚手架。攀登的用具、结构构造应牢固可靠。

12.4.5 高处作业所用的物料、机具、工具等，应堆平放稳，不得妨碍通行和装卸。对有可能坠落的物件应先行撤除或加以固定。

12.4.6 遇有 6 级及以上大风、暴雨、浓雾等恶劣天气，不得进行室外攀登与悬空作业。暴风雪及台风、暴雨前后，应对高处作业安全设施逐一检查，发现异常立即加固。

12.4.7 雨雪天气进行高处作业时，应采取可靠的防滑、防寒、防冻措施，及时清除水、雪、冰、霜。

12.4.8 防护设施搭设与拆除时，应设警戒区，并派专人监护。拆除时应自上而下，不得上下同时拆除。

12.4.9 墩台顶、桥面临边等，应设置防护栏杆。

12.4.10 临边防护栏杆杆件的连接，应保证稳固可靠。

12.4.11 操作平台应具有足够的强度、刚度和稳定性，并应标明容许荷载值，使用过程中不得超过容许荷载。

12.5 起重吊装

12.5.1 起重吊装作业应考虑的主要危险源、危险因素包括违章指挥、违规作业、超限起吊、设备倾覆、起重支撑失稳、钢丝绳断裂、吊钩脱落等情况。

12.5.2 根据工程特点和作业环境，施工单位应对危险性较大、环境复杂的吊装作业编制专项施工方案。

12.5.3 参加起重吊装的作业人员应经过专业培训，特种作业人员应考核合格，持证上岗。

12.5.4 吊装作业前，应对作业条件、安全设施、起重设备及吊（索）具等进行检查验收。

12.5.5 钢丝绳及钢丝绳夹的使用应符合下列规定：
1 钢丝绳应无死弯、不起油，在任何一个断面内的断丝数量不得超过此断面总根数的 5%，当接头采用插接时，插接长度不得小于钢丝绳直径的 20 倍，总长度不得短于 300mm。

2 接头采用钢丝绳夹连接时应有足够的绳夹数量，并紧固牢靠。

3 起重机用钢丝绳的检验和报废应符合现行《起重机　钢丝绳　保养、维护、检验和报废》（GB/T 5972）的规定。

4 钢丝绳的绳端采用钢丝绳夹固定时，应符合现行《钢丝绳夹》（GB/T 5976）的规定。

12.5.6 吊钩的使用应符合下列规定：

1 吊钩的表面不应有裂纹，螺纹不得腐蚀，缺陷不得焊补。

2 作业人员应检查吊钩开口度或测量长度，确保防脱钩装置安全有效。

3 吊钩磨损后的危险截面实际高度或吊钩吊柄腐蚀后的直径不得小于基本尺寸的95%。

4 钩身的扭转角不得超过10°，钩柄不应有塑性变形。

5 吊钩应进行经常性检查和定期检查。

12.5.7 吊装作业场地应平整坚实，作业区应设置警示标志，非操作人员不得入内，夜间施工应有足够的照明。

12.5.8 吊装作业前，应对起重机械的制动器、吊钩及防脱钩装置、钢丝绳和安全装置进行检查，发现性能异常时，应及时排除。

12.5.9 吊环应采用未经冷拉的热轧光圆钢筋制作，不得以其他钢筋替代。

12.5.10 吊装作业前，应将支腿全部伸出，并支垫牢固。调整支腿应在无载荷时进行，并将起重臂全部缩回转至正前或正后，方可调整。作业过程中发现支腿沉陷或其他异常情况时，应立即放下吊物，进行调整后，方可继续作业。

12.5.11 吊装作业中，吊环应顺直，吊绳与起吊构件的交角小于60°时，应设置吊架或吊装扁担，使吊环垂直受力。

12.5.12 吊装作业中，当重物吊起转向、走行、接近人员、重物下落时，应鸣铃示警，吊装物上不得站人。

12.5.13 起重机械不得在超过额定值、荷载不明和斜拉重物的情况下起吊，作业时起重臂的最大和最小仰角应符合有关规定。

12.5.14 电动起重机械作业突然断电时，应将所有的控制器手柄扳回零位。在重新作业前，应检查起重机械动作是否正常。

12.5.15 电动起重机械进行维护保养时，应切断主电源、加锁并挂上标志牌。

12.5.16 在轨道上工作的起重机械，当作业结束时，应将起重机械与轨道锁定。

12.5.17 起重机械在作业中停机时，应先将重物落地，不应将重物悬在空中停机。

12.5.18 当吊钩处于工作位置最低点时，钢丝绳在卷筒上的缠绕，除固定绳尾的圈数外，应不少于 2 圈。

12.5.19 起重机械不得越过无防护措施的外电架空线路作业。在外电架空线路附近吊装时，其安全距离应符合相关规定。

12.5.20 起重机距电气化铁路接触网带电部分小于 2m 进行作业时，接触网必须停电。

12.6 施工消防

12.6.1 施工现场应设置灭火器、水桶、沙箱、锹、耙等防火专用工具，并配备防雨防冻设施，定期维护更新。

12.6.2 电气设备与易燃易爆、腐蚀性物品应保持安全距离；电气设备不应超负荷运行或带故障运转；不得私自改装现场供用电设施；电气设备和线路应经常检查。

12.6.3 储装气体的罐瓶及其附件质量应合格；气瓶与火源的距离不应小于 10m，并采取避免高温和防止暴晒的措施。

12.6.4 施工现场动火作业应符合下列规定：
1 焊割作业开始前，应将作业现场下方和周围的易燃物清理干净或采取浇湿、隔离等安全措施。
2 焊、割作业结束或工作人员离开操作现场时，应切断电源、气源，检查现场，确认无余热引起燃烧危险。
3 炽热焊嘴、焊钳以及焊条头等，不得靠近易燃易爆物品。
4 风力 5 级及以上时，应停止焊接、切割等室外动火作业。需动火作业时，应采取可靠的挡风措施。

12.6.5 距牵引供电设备带电部分不足 4m 的燃着物体，使用水或灭火器灭火时，牵引供电设备必须停电。

12.6.6 距牵引供电设备带电部分超过 2m 的燃着物体，使用沙土灭火时，牵引供电设备可不停电，但须保持灭火机具及沙土等与带电部分的距离在 2m 以上。

12.7 预防措施

12.7.1 施工单位应建立质量、环境、职业健康安全管理体系，对施工安全管理、施工安全技术、施工安全作业进行管理与控制。

12.7.2 施工各方应按规定设置安全管理机构，配备安全管理人员，制定安全生产规章制度，落实安全生产责任。

12.7.3 施工人员应遵守安全生产有关法律法规及本规程规定，经培训合格方可上岗。特种作业人员应按照国家有关规定经专门的安全作业培训，取得相应资格，方可上岗作业。

12.7.4 施工应采用合格的机械设备、仪器仪表、材料和安全防护用品等。

12.7.5 施工中应用新技术新材料、新工艺、新设备时，应制定相应的安全技术措施，并对有关人员进行安全生产教育培训。

12.7.6 工程施工应遵守国家有关劳动保护的法律法规，按规定配备、使用劳动保护和安全防护等用品。

12.7.7 施工过程中应及时掌握气象、水文和地质灾害等有关信息，做好防范和应急处置工作。

12.7.8 施工单位应对施工现场安全生产进行监督检查，及时制止违章作业，及时排查、报告和消除现场安全隐患。

12.7.9 施工单位制定安全生产费用的使用计划，保证安全生产费用的足额投入，专款专用。

12.7.10 施工前，施工单位应对施工现场涉及到的既有设备进行详细调查、确认，发现施工现场情况与设计文件不符，设计存在缺陷或对设计有疑问，并影响施工安全时，应及时向有关单位报告，并采取安全防范措施，确认无误后方可继续施工。

12.7.11 发生安全事故后，立即启动应急预案，采取有效措施防止事故扩大，并按规定上报事故情况。

12.8 环境保护

12.8.1 在城镇居民区施工时，机械设备产生的废气、废液、噪声等不应超过国家规定的标准限值。

12.8.2 工程用的粉末材料，不得散装散卸，在露天堆存时，应采取遮盖措施，防止粉末材料飞扬和遇水流失污染环境；对可能产生粉尘的设备应采取封闭消尘等措施，防止粉尘散发污染大气环境。

12.8.3 在人口集中地区和其他依法需要特殊保护的区域内，禁止焚烧沥青、油毡、橡胶、塑料、皮革、垃圾以及其他产生有毒有害烟尘和恶臭气体的物质。

12.8.4 及时清理处置施工过程中产生的建筑、生活垃圾和废弃材料等固体废弃物，并采取措施，防止污染环境。

12.8.5 施工完成后应及时清除施工临时设施和驻地生活设施。

本规程用词说明

1 为便于在执行本规程条文时区别对待，对要求严格程度不同的用词说明如下：

1）表示很严格，非这样做不可的：

正面词采用"必须"，反面词采用"严禁"。

2）表示严格，在正常情况下均应这样做的：

正面词采用"应"，反面词采用"不应"或"不得"。

3）表示允许稍有选择，在条件许可时首先应这样做的。

正面词采用"宜"，反面词采用"不宜"。

4）表示有选择，在一定条件下可以这样做的，采用"可"。

2 条文中指明应按其他有关标准执行的写法为："可按……执行"或"应符合……的规定"或"应按……执行"。

引用标准名录

1　《普通混凝土拌合物性能试验方法标准》（GB/T 50080）
2　《混凝土物理力学性能试验方法标准》（GB/T 50081）
3　《混凝土长期性能和耐久性能试验方法标准》（GB/T 50082）
4　《钢丝绳夹》（GB/T 5976）
5　《起重机钢丝绳保养、维护、检验和报废》（GB/T 5972）
6　《铁路工程基本作业施工安全技术规程》（TB 10301）
7　《铁路桥涵工程施工安全技术规程》（TB 10303）
8　《铁路轨道工程施工质量验收标准》（TB 10413）
9　《铁路桥涵工程施工质量验收标准》（TB 10415）
10　《铁路混凝土工程施工质量验收标准》（TB 10424）
11　《桥梁拆除工程技术规程》（DG/TJ 08）
12　《建筑施工起重吊装工程安全技术规范》（JGJ 276）
13　《建筑与市政工程施工现场临时用电安全技术标准》（JGJ/T 46）

涉及专利和专有技术名录

［1］ 中铁二十二局集团有限公司．铁路桥梁人行道板、角钢托架吊装安装设备：201821731967.7［P］.2018-10-25.

［2］ 中铁第五勘察设计院集团有限公司．换梁设备：202111144861.3［P］.2023-04-07.

［3］ 中铁第五勘察设计院集团有限公司．换梁机桥面支撑系统及换梁机：202111586686.3［P］.2023-08-08.

［4］ 中铁第五勘察设计院集团有限公司．具有可折叠换梁机的换梁方法：202011215278.2［P］.2022-07-08.5.

本文件的发布机构提请注意，声明符合本文件时，可能涉及相关专利的使用。

本文件的发布机构对于该专利的真实性、有效性和范围无任何立场。

该专利持有人已向本文件的发布机构保证，他愿意同任何申请人在合理且无歧视的条款和条件下，就专利授权许可进行谈判。

请注意除上述专利外，本文件的某些内容仍可能涉及专利。本文件的发布机构不承担识别这些专利的责任。